AGONÍA

Y OTROS CUENTOS

OFELIA RODRÍGUEZ ACOSTA

© DE LA PRESENTE EDICIÓN: LOS EDITORES
PRIMERA EDICIÓN EN «EDICIONES LA GOTA DE AGUA» 2010
(TOMADO DE LA SEGUNDA EDICIÓN: ALGUNOS CUENTOS (DE AYER Y DE HOY))
B. COSTA-AMIC, EDITOR, MÉXICO, 1958

EDICIONES LA GOTA DE AGUA
1937 PEMBERTON ST.
PHILADELPHIA, PA 19146-1825 (USA)

E-MAIL: INFO@EDICIONESLAGOTADEAGUA.COM

ISBN 9780977198757
LCCN 2007922737
TODOS LOS DERECHOS RESERVADOS

DISEÑO DE PORTADA:
DRS. IVÁN DRUFOVKA RESTREPO Y
ROLANDO D. H. MORELLI

DIBUJO ORIGINAL PARA ESTA EDICIÓN
DE
JUAN CARLOS FUENTES FERRÍN

§

—PÓRTICO A POSTERIORI—
(NOTAS A LA PRESENTE EDICIÓN)

ROLANDO D. H. MORELLI

Las narraciones que aquí re-editamos con el título AGONÍA, Y OTROS CUENTOS, no corresponden en sentido estricto ni al "hoy" ni al "ayer" de este momento, de ahí que no se publiquen con el título original de **Algunos cuentos de ayer y de hoy** conque su autora, Ofelia Rodríguez Acosta, los dio primeramente a la luz en dos ediciones sucesivas el año 1958, en la ciudad de México. Tal y como sucede siempre con la buena literatura, no hay en estos relatos vestigios de caducidad o decrepitez, y si bien ciertos detalles remiten a un momento o época determinados pueden ser leídos sin que el lector esté obligado a reparar en consideraciones de este orden. «Agonía», título que en la presente edición da nombre al volumen, es no sólo el primero de los cuentos en lo que corresponde a su disposición en el conjunto, sino asimismo, el primero —en opinión de este comentarista— por sus altos quilates literarios. No hay en él, por otra parte, evidencias que lastren o mermen el interés que suscita su lectura, si nos atenemos a un concepto de "ayer" u "hoy". El tiempo, naturalmente, se halla en la raíz de toda narrativa, y en tal sentido este antes y después siguen teniendo un valor referencial de apropiada vaguedad. Mas por encima de todo, reitero, se trata de cuentos que han superado la prueba del tiempo, y en este momento en que re-emergen para ser leídos por un lector que no podría ser el contemporáneo de la autora, no sólo resisten la inspección más atenta y exigente en virtud de sus cualidades literarias sino que además convencen precisamente por la actualidad que denota la dirección de su pensamiento—valga la aparente paradoja implícita en esta afirmación— y en no menor medida por el tratamiento auto-reflexivo del proceso creativo escritural y la concepción psicológica de los personajes, todo ello ligado al empleo de una modalidad de lenguaje siempre sugerente y sorpresiva, de sesgo muy personal.

«Agonía», en consecuencia, conmueve en primer lugar por su extraordinario y estremecedor lirismo, pero igualmente por tratar con singular actualidad el tema de la conflictiva relación entre el hombre y su entorno, o más particularmente, la naturaleza. El ecosistema de que tanto se habla hoy, halla en este relato su mejor y más cabal expresión de angustia, o para decirlo en palabras de la narradora, de "agonía". Se trata, por una parte de la agonía del árbol —ser vivo y sensible que protagoniza su propia muerte— y por la otra, de la agonía de quien contempla impotente la destrucción del mismo. Un destrozo a todas luces absurdo que podría ser conjurado de mediar un poco de reflexión. Porque lo que muere con él es algo más que un simple árbol. Cristo de la misma naturaleza vegetal de la cruz, lleva en el tronco y en las ramas que lo sostienen su propia crucificción. Pero ¿a qué fines sirven la pasión de su sacrificio y de su muerte que se extiende a lo largo de varios días o estaciones? Con él sufren y lloran sin consuelo los ojos que contemplan la enormidad de su pérdida insensata. Al final, el cielo y la tierra se estremecen como ocurrió en el Gólgota a la muerte de Jesús, y al contemplar los signos inconfundibles de una crucifixión impensable la narradora no puede sino preguntarse: "¿Por qué ha sido esto? ¿Por qué?", evocadoras de aquellas otras palabras de Jesús: "Padre, perdónalos porque no saben lo que hacen".

El delicado lirismo del lenguaje, entramado sobre el que se sostiene el argumento del cuento, y las obvias resonancias de la parábola bíblica no contradicen, sin embargo, la impresión de veracidad e inmediatez que transmite. Del verismo lírico característico de este primer relato del volumen, pasamos en el segundo, titulado «Los ojos», a internarnos por los vericuetos surrealistas del sueño y la vigilia, que son asimismo los de la creación artística: autorreflexión, callejón sin salida y laberinto circular. Recuerda la técnica empleada por Cortazar en su relato «Continuidad de los parques», aunque en el cuento de Rodríguez Acosta no se trate del triángulo amoroso ni del crimen pasional. El accidente que causa la muerte del pequeño, circunstancia "real" descrita, o por el contrario "tramada" por un narrador que se aburre por causa de la vulgaridad y la rutina que lo rodean, se convierte por esta vía en horrendo infanticidio con el que se atormenta el escritor-protagonista quien se autoacusa de ser el "autor" intelectual de un "crimen" inexplicable. El tormento psicológico consecuente de este "asesinato" provoca la confesión de la mano "asesina" que escribe para desembocar en la insoluble consternación de sí misma. Como ocurre en el cuento de Cortazar donde el narrador y protagonista, un asiduo lector de novelas, es testigo de excepción de los hechos que lo implican, y en los que busca implicar al lector que somos todos, en el cuento de Ofelia Rodríguez Acosta la técnica empleada nos involucra desde el primer momento como testigos de unos hechos que se nos irán poniendo delante a retazos hasta llevar a sí mismos. Pareciera que el lector participa del proceso creativo al descubrir el hilo conductor del suceso, si bien para ello ha de trastabillar y extraviarse antes en la confusión del proceso psicológico del narrador. Al final le aguarda si no una epifanía, un descubrimiento. No podría decirse del relato que salta sino que se fragmenta. Verdadera agonía —nuevamente la palabra parece apropiada— la que se imponen los ojos del narrador y la que comparte el lector arrastrado de su mano por planos coexistentes. Al cabo, "los ojos" son y no son los que miran, sino además los contemplados con horror: "¿Por qué, por qué le saqué los ojos al niño? Pude hacer que muriese sin sacarle los ojos… sí… lo pude… ¿Por qué, por qué le saqué los ojos al niño? …" Y se repite aquí, o mejor, se reitera la pregunta consternada en su angustia existencial, que cierra el primer cuento, cual si a la muerte del árbol segado, y al horrendo asesinato perpetrado por el narrador en el personaje del niño correspondieran un mismo absurdo y una misma interrogante desgarrada y desgarradora.

El tercero de los cuentos, «Pelusa» se lee con otra mirada, como pudiera leerse un capítulo de **Platero y yo**, o ese inolvidable relato de Clarín titulado "Adiós cordera", aunque no se trate de imitación de modelos literarios sino de afinidades que afincan en la buena ley del cariño y las simpatías que inspiran en general los animales en las personas sensibles. Podría muy bien esta narración ir en una antología de cuentos para niños, pero va igualmente bien en el volumen al que corresponde. Eso, corresponde. Ya se verá, de qué manera. El argumento puede muy bien resumirse en pocas palabras. Pelusa es una gatita empulgada, un despojo humillado, renqueante, temeroso, que alguien ha encontrado y puesto temporalmente al cuidado de la narradora. Entre tanto, asistimos no sólo a la recuperación y crecimiento de Pelusa, sino que somos igualmente testigos de una conversión de parte de la enfermera, y de una devoción que luego le será reciprocada por el animalito. Pero todo lo dicho hasta aquí pudiera dar una impresión de trivialidad que no tiene nada que ver con el cuento. Y es que, a los temas y circunstancias trascendentes de las dos primeras narraciones se opone aquí la pequeña anécdota, casi la falta de argumento en el sentido que pudiera asociarse, por contraste, a las dos precedentes. El relato se sostiene casi exclusivamente mediante un hábil manejo del lenguaje, del tono y del tempo de la narración. Al hablar del animalito desamparado la narradora nos conmueve porque da la impresión de que más bien hablara a su propia alma lastimada, con mimo y fervor que no podrían resultar ajenos al lector. El tono general es, según se ve, distinto del que prima en los otros dos y concluye en una nota alta. Luego de visitar a la gatita en su nuevo hogar, nos dice la voz narrativa: "La cargué, enternecida. Besé su frente con honda gratitud. ¡No se vive en vano!"

«Cabellera roja», título que corresponde al siguiente cuento es el apelativo mediante el que se señala a un muñeco en precario —una especie de títere aberrante que responde al nombre de Judas, el traidor por antonomasia— a quien la multitud vapulea y hace escarnio de conformidad con la tradición ritual. Se trata al mismo tiempo del homónimo que identifica a quien, de entre la multitud, asume la defensa del vapuleado. Judas, el otro, el santo que debe según el deseo y súplica de sus peticionarios alejar las malas influencias que puedan rondarlos. Conforme a la tradición pueblerina de muchas partes, de la gente simple con creencias muy arraigadas, este muchacho ha sido llamado por sus padres Judas Tadeo Álvarez. Pero en el ardor vesánico que consume a la multitud, un Judas u otro da lo mismo. Así como el traidor es confundido con el santo por el gentío que dice amar a Jesús, desconociendo a su primo el Tadeo, el juez ante el que es llevado sangrante y maltrecho el joven pelirrojo —¿culpable de qué falta?— no tiene idea de la existencia de este otro Judas, ni entiende porqué el joven que comparece ante su autoridad se ha hecho llamar de tal modo. El relato mismo parece consistir de dos partes. En la primera se personifica al pelele, de manera que éste adquiere vida a los ojos del lector ante la ceguera de la gente que lo golpea y escupe entre insultos. El único en verlo como personificación de su prójimo, es el joven cuyo nombre declarará ser Judas y el cual ocupa en la que constituye la segunda parte del relato el lugar del fantoche. A diferencia de la turba, sin embargo, el juez procurará averiguar el origen y nombre del acusado, y al final, el santo cuyo apelativo ostenta el pelirrojo obrará el milagro por el que implora su tocayo: que el juez lo deje en libertad y no le imponga multa alguna. Éste, por si acaso, se alegrará de haber conocido al llamado Judas Tadeo Álvarez, por intermedio del cual ha sabido de la existencia de aquél de igual patronímico, pues le parece "útil, muy útil" este santo, "para caso de necesidad". La nota irónica y la resolución feliz que sirven de colofón contrastan con el patetismo dominante a través del cuento. Trasciende en todos estos relatos de Ofelia Rodríguez Acosta una fe cristiana que debió ser la de la autora, expresada con sensibilidad creadora mediante el apoderamiento de símbolos y preocupaciones de sesgo religioso-ritual.

13

El segundo manojo de narraciones que componen el volumen, agrupados por su autora bajo el membrete de «Cuentos de ayer» comprende los relatos "El piano", "Puntos culminantes" "Luisito" y "La bruta", con el que cierra el conjunto. Comparten estos algunos elementos característicos que los distinguen tanto estilística como temáticamente del grupo precedente. En cuanto al estilo, bastaría apuntar que la narradora recurre en ellos a una especie de lenguaje sincopado, a un estilo cortado hecho de frases que parecen pespuntear una descripción más que agotarla. Los temas, por otra parte, exploran la raíz trágica que la vida tiene, en lo que parecería constituir la cosmovisión de la autora. En este sentido, resultan categóricos en sus planteamientos "El piano", "Luisito" y "La bruta", todos ellos con un trasfondo de preocupación social —entendido éste en un sentido de amplia sensibilidad— que acusa por momentos un evidente naturalismo y aproxima estas narraciones en particular a algunas de Horacio Quiroga a causa de su cariz un tanto tremendista, aunque sin incurrir en efectismos gráficos o gratuitos. De esta tríada, acaso sea "El piano" el más persuasivo como relato lírico en atención a sus recursos narrativos, y porque la tragedia personal de la joven maestra amante de la música, y de este instrumento en particular, se sublima en una emoción que compensa la invocación de la lepra que se le diagnostica, y consigue estremecernos. Aún en nuestros días, el conocimiento general y el comportamiento y comprensión de esta enfermedad, sus causas, consecuencias y posibilidades de tratamiento se halla muy lejos de ser general, de manera que siga rodeándosela de misterio, incomprensión y temor. Todo ello es bien resuelto por la autora, pese a la alta carga melodramática del cuento. El más singular de los relatos de este manojo, sin embargo, resulta "Puntos culminantes", comparable por sus excelencias y capacidad comunicativa al que da título a la presente edición y abre el volumen. En el mismo hallamos nuevamente reflejado el interés por la escritura y la autorreflexión sobre el proceso creador que encontramos en "Los ojos", aunque se muestre de manera más transparente. Trata de la tragedia que acarrea sobre sí mismo el artista que, viviendo en armonía consigo mismo y con los bienes recibidos —es dichoso, está felizmente casado con una mujer hermosa e inteligente, y es padre de una niña adorable— cae en la tentación de desear una vida azarosa, excitante, llena de contratiempos que insuflen a su obra el dinamismo que un crítico echa en falta. De esta supuesta carencia nace una sensación de incertidumbre y creciente insatisfacción que amarga al protagonista. Voluntariamente —la esposa amante, incapaz de persuadir al hombre de aceptar la dicha que le ha tocado en premio— transforma su propia muerte que repentinamente tiene lugar a consecuencia de un mal parto, en modalidad de sacrificio que habrá de servir para que el escritor produzca al fin la obra exigida de él por la crítica, la cual acaba por conceder aquello que antes echaba de menos en la producción del artista. El desenlace agridulce que sigue cuando adquiere cuerpo de evidencia el sacrificio de su mujer a fin de ayudarle a producir la obra que lo satisfaría, confiere un tono de genuina tragedia a la narración. Amén de haberse impuesto hacer, a lo que parece, un comentario de sesgo filosófico acerca de las dicotomías vida/arte y verdad/ficción, Ofelia Rodríguez Acosta parecería explorar igualmente conceptos como el de las apariencias enfrentadas a las evidencias, y la insatisfacción como fuente de creatividad. Y al mismo tiempo, bien pudiera tratarse de hacer un comentario acerca de la vanidad como origen de tanta creación artística. En última instancia, la narración apunta hacia la incomprensión de uno mismo, causa ésta que podría hallarse en la raíz de tantos complejos humanos. En todos estos cuentos, como así también a través de toda la extensa obra novelística de la autora, encontramos en su prosa segura y sugerente (nunca aquejada de intentos o vacilaciones); en los temas, ideas y preocupaciones que la caracterizan, la presencia de una personalidad singular, de una mujer de gran vitalidad y fuerza creativa, nunca ajena o al margen de cuanto la rodea, sino imbricada en la realidad con el aval de su imaginación.

Ofelia Rodríguez Acosta, nació el 9 de febrero de 1902, en Artemisa (entonces municipio de la provincia de Pinar del Río) tres meses antes de ser inaugurada con la soberanía de la nación, pero aún bajo la sombra cautelar de los Estados Unidos, la República de Cuba; pasó muchos años como becaria de instituciones culturales cubanas, en Europa y México, donde además publicó muchas de sus obras, y murió en el país en el que había nacido, en medio del más absoluto olvido el 28 de junio de 1975. La suerte corridas por ella y su obra viene a ser la misma de muchos escritores, artistas, intelectuales y otros creadores cubanos —muchos de ellos mujeres— enterrados en vida con el advenimiento e implementación de una visión cultural maniquea impuesta a partir del año cincuenta y nueve por la llamada Revolución, visión ésta que para el año setenta y cinco había conseguido hacer de la cultura nacional un palimpsesto difícilmente remediable. En atención misma a este olvido y menosprecio oficial a su legado, y al margen de ellos por la amplitud y valía de su obra y el constante trabajar que caracterizó sus mejores años, Ofelia Rodríguez Acosta puede ser comparada a otras figuras representativas de la cultura cubana pre-castrista: Emilia Bernal Agüero, Dulce María Loynaz, Herminia del Portal, Lydia Cabrera, Lesbia Soravilla para solo nombrar unas pocas. Fundamentalmente novelista, Rodríguez Acosta fue asimismo una incansable activista cultural: bibliotecaria del Club Femenino de Cuba (1925) fundó la revista Espartana dos años después. Una beca otorgada por el Ministerio de Educación la llevó a Europa inicialmente, y más tarde a México. En 1933 se halla en España a fin de participar en un congreso de mujeres que no llegó a efectuarse. Sigue viaje a París, y las impresiones de este recorrido y estancia aparecen en la revista Grafos, de la capital cubana. Recorrió luego numerosos países de Europa y en 1940 regresa a México como becaria. Su labor periodística, su quehacer e inquietudes feministas y su labor como escritora no cesan. Escribe con profusión y su obra es bien recibida y reseñada. En 1958 publica éste, su único libro de cuentos conocido, que tiene algo más tarde una reimpresión, o más bien una nueva edición, de cien ejemplares numerados. Después, se hace el silencio. Un silencio que es, tanto el que al parecer procede de ella como el que la circunda y terminará borrándola.

Si bien Rodríguez Acosta es en esencia una novelista nata, los cuentos de este volumen bastarían para otorgarle un lugar destacado entre los mejores cuentistas de la lengua. Son narraciones que evocan de manera anacrónica a escritores tan distintos como Julio Cortazar, María Luisa Bombal, Manuel Mujica Laynez, Lino Novás Calvo, Enrique Labrador Ruiz o Clarín, pero sobre todo se parecen a sí mismos. Los sustenta un manejo absoluto del lenguaje, sin concesiones al lugar común, pero asimismo sin pedanterías ni ñoñeces igualmente reñidas con la poesía.

AGONÍA

(I)

Ocupaba todo el patio vecino. En redondo, toda la armonía suprema, como en el seno de la enorme y serena cúpula de una catedral.

No lo conocí de pequeño. No supe de su asombro, de su timidez, de su júbilo ni de sus ansias. Ya estaba allí. Ni pasado, ni futuro: un inmenso, un eterno presente. No sabía yo si había sido sembrado o era de espontánea generación, aquel árbol feliz. El tiempo, en él, no tenía comienzo ni fin. Juventud y vejez en una síntesis. Era actual. Era un hecho. Era una verdad.

(II)

Sus frondosos ramajes rozaban la pared, escudriñando táctilmente por entre las persianas del ventanal. Aquel calor de alma, aquella sombra de cuerpo, me ablandaron la vida. Abrí. No cabía en mi mirada.

El mundo físico fue sólo ante mí, dentro de mis ojos, aquel verde remolino en la copa de agua azul de la noche, y del día. Todo, en él: nada, fuera de él. En él inmersa, yo.

Reposaba. Seguro de su hogar, abajo; de su

eternidad, arriba. Masa vital en sueño de su grandeza. Tranquila respiración de inmortalidad en un milenario silencio de inaudibles sonidos. Y me iluminaba el rostro con el interno resplandor de su follaje. Y me palpaba la piel con la secreta humedad de su aliento. Y me desbordaba la pupila con el nudo floral de su corazón en ramas.

(III)

Lo comprendí todo, a la mañana. Cuando el amor se reconoce en su misterio. Era impresionantemente hermoso, como ningún otro árbol en el orbe fuera. Con la majestad de su raza. Con la fuerza de su herencia. Y noble. De una nobleza de semblante. Y feliz... Feliz... porque vivía, y vivir bastaba a su destino. Para cumplir su destino sólo tenía que ser. Y había de ser como era: bello. Estar, como estaba: solo en la vastedad sin orillas.

Como si en todo el globo terráqueo no hubiera más que él. Como si en él se hubiera dado el principio de todas las cosas. Como si en él se negase el fin de las cosas todas. Infinitamente uno en su éxtasis de vida pura.

(IV)

Pero, se le acercó el hombre. Él lo miró por todas sus hojas en silencio, una única vez. Indiferente. Tranquilo. Justo. Ignoraba que el hombre es, siempre, peligro.

Valiéndose de los derivados de su forma multiplicada, el hombre lo atacó. Pequeños, y además mezquinos, se congregaron en su torno, los hombres. Mucha nuca en alto, mucha boca abierta, mucho ojo atento, y no pudieron ver su superioridad, sentir su hermosura, abarcar su tiempo sin edad. Apenas supieron medir su tamaño, y calcular su resistencia.

Era un hormiguero. Pardo. Nervioso. Maligno. Y peor, cobarde. Le tuvieron miedo. Porque sus gajos eran fuertes y extensos e hirsutos. Porque su tronco era amplio, era recio, y le rezumbaba la savia de los largos años y de las generosidades buenas. Porque era alto: porque subía hasta las nubes, porque ocultaba el cielo.

Hacia arriba, no se veía más que árbol, tanto árbol. Todo: a la vista, al pensamiento, a la voluntad, no era más que eso: árbol. Cual si la tierra toda se hubiese citado en aquel lugar, recogiéndose en su entraña, para engendrar y alumbrar aquel su unigénito árbol: precioso, verdinegro, hidalgo, contento.

E inmensamente solitario.

(V)

Entonces, supersticiosos y humillados, bajaron la vista, la clavaron: caras en sombras interiores, en la maraña de sus plácidas raíces acordonadas y trascendidas a la superficie telúrica, allí, a sus pies. Un segundo de indecisión, de ira, de pavor. Quizás les estremeció su inocencia... porque la inocencia suele arredrar. Quizás les emocionó su invalidez... porque la invalidez suele apiadar. Quizás los acusó su confianza... porque la confianza suele avergonzar.

Pero los hombres, tentáculos del Hombre, levantaron traidores, los brazos y acometieron a la Creación. En el enigma en calma, filó la muerte. En el íntegro árbol: vertical, horizontal, bajo suelo, hacia el espacio, por todo él, se abrió el azoro, emergió la pregunta, se estremeció el dolor.

Mas el árbol no gimió... Todavía no. Tan solo observó a los hombres, y, vibrándoles las hojas, cada una y todas, les sonrió dulcemente.

(VI)

En el primer día, se le treparon dos, tres de ellos, con mucha cautela, con mucha aviesa intención. Tentándolo, buscándole las partes vulnerables de su maravillosa anatomía. Temerosos de resbalar por su corteza casi lisa, porosa, toda untada de suavísima secreción. Reptaron por su robusto cuerpo, montándose a horcajadas en sus carnosos miembros a oscuras entre el caudal de hojas brillantes. La sorpresa inundó al árbol de interrogantes. Un cosquilleo lo recorrió de molestias e inquietudes, fibra a fibra, cuerda a cuerda de sus innúmeros brazos.

Los hombres, con sus brutales puños, le hundieron las hachas.

Así fue como al primer golpe, que eran varios primeros golpes, el árbol dejó de sonreír y empezó a transpirar de terror. Pareció una faz angustiada de espanto, vuelta hacia el firmamento. Jamás había tenido él tan aguda conciencia del cielo. Jamás el árbol había querido huir de la naturaleza; había sentido tal necesidad de fuga. Al sufrirse herido, cada rama se le agitó en ala, y una delirante aspiración de vuelo, le aborrascó el corazón doliente.

Pero aún se agarró a la tierra por su raigambre crispada: amándola desesperadamente hasta remorderla, hasta conmoverla. Seco, mudo, estoico, aguantó sin quejarse. Así: sin queja, sin crujimiento, esperó todavía...

(VII)

Al segundo día, se le fueron acercando al corpulento tallo, despacio, astutos. Ya aparecían: por este lado, por aquél, albeas manchas abruptas por entre las extremidades mutiladas. Ya el árbol se hacía chico, se hacía pobre: se hacía moribundo. Grandes huecos, que se llenaban de luz como los baches de agua, en su tupida copa de sombras, de crenchas, de rumores.

Perdida toda esperanza; en absoluto abandono. Por primera vez se sintió desnudo, y eso le dio tal sensación física de soledad, que una intensa melancolía le anegó la entraña, hondamente silenciosa.

El silbido, en el viento, del hacha. Los zumbidos de las hachas en el aire. Los círculos de muerte anillando, anillando... y más golpes y más golpes. Los pequeños hombres sanguinarios, encaramados, cercenándolo, poco a poco, con absurda sevicia.

Y con un valor temerario, el árbol resistía. No podía luchar. No había defensa ni agresión posibles. Tal vez empujar a algún hombre porque...:

—¡Cuidado, no caiga uno! Sujétense bien; vayan despacio.

Sí; quizás soltar a un hombre... Pero el árbol se concentraba totalmente en el drama de su creación, de su pasión y de su desfallecimiento, para comprender.

Y tenía necesidad de toda su entereza. Su valor caería dentro con él: dentro suyo.

(VIII)

Al tercer día, llovió torrencialmente. Los hombres no subieron. Las heridas suavizaron primero su hervor de pena en la dulzura del agua poca; mas, cuando ya el agua mucha se hizo, se le fueron enfriando hacia adentro... tanto, que el árbol se la sintió en los huesos, y tiritó.

Hubo una última ilusión: señuelo de ilusión, espejismo de ilusión en las hojas aún vivas, en los músculos aún vigorosos, en los nervios aún vibrantes... en el tronco todavía sano, viril, entero. Abajo, en lo nocturno, en lo ciego, en lo tenaz: allá, matriz adentro, los órganos vegetales palpitaron de alegría; y hacia arriba, hacia fuera exhalaron su añoranza en un pugnaz afán de supervivencia. Tembló de todo ello, el árbol. Una profunda piedad de sí mismo, lo enterneció. ¡Cuánto hubiera querido retener la linda vida que se le acababa!

Bajo la lluvia, fresca y olorosa, que anestesiaba su mal físico y alimentaba su bien vital, el árbol, en su extrema sensibilidad, lloró toda su infinita tristeza, escondiendo con pudor cada lágrima suya en cada gota de las nubes.

Más allá, los hombres espiaban, esperando: sus ojos impávidos contra el árbol de las agonías lentas. Más acá, se me cayó el alma de rodillas, murmurando:

—¿Por qué? ¿Por qué?

(IX)

Al cuarto día fue un asalto furioso. Se perdía mucho tiempo. Había que liquidar de una vez. Bien, que fuese demasiado árbol para un fin rápido; bien, que las casas próximas impidiesen la aserradura que provoca la caída en colapso, pero, consecuentemente, el derrumbe de un coloso en erección que requiere pródigo espacio como ataúd; bien, que ya crecían en torno los túmulos de las ramas, y que él: su ser, así, ya estaba medio muerto, mas era excesivo aguardar, exagerado desperdiciarse el hombre en la tala de un simple, tonto e inútil árbol perezoso.

Y llegaron a su parte troncal. El sol, allí, en derredor, donde antes estuviese lo verde, lo sedoso, lo abigarrado, era ahora blanco, duro, grueso. Era aquél un grandioso vacío. Un vacío sin volumen material, en una red de esencia invisible. Una suerte de extraño vacío marmóreo. Porque todo era anormal; era todo ilógico.

Solo, en medio, aquel tallo destrozado, reduciéndose, reduciéndose atrozmente.

Ahora sí: de lo poco que iba quedando, cada vez menos, emergió un murmullo de sonidos. Era el dolor de las raíces, que se soltaban de la tierra. Hubo una sacudida, una convulsión. Un ruido indecible. Un ruido que despidió humedad. El ruido de una voz. La voz de un sollozo. El sollozo del árbol: aun tal, todavía presencia agónica de árbol, en aquel exangüe pedazo de tronco.

Era humano... porque tenía que ser, al fin, la renunciación. Y todo él entró en el coma.

Al quinto día, a ras de hierbas, abrumadas por la carga del descuartizado esqueleto del árbol, se veía, al centro, una enorme hostia pálida. Una redonda luna amarillenta. Una pupila vidriada. La calva huella del árbol. El charco de su agonía. El disco de su muerte.

Mi alma, en pie, se volvió a todos los rincones del mundo. Y preguntaba, preguntaba:

—¿Por qué ha sido esto? ¿Por qué?

LOS OJOS

(I)

De lejos, todo me había parecido vulgar. Hacía tiempo, un largo tiempo que a cada mañana se desentumecía de su extraño sueño de la noche: de esa periódica letargia de la vida real, y echaba a andar a rastras, retorcidamente como una serpiente... un tiempo que veía culebrear así contra las horas interminables del día, delante de mis pasos sin rumbo y sin huellas... un largo tiempo hacía ya, pues, en que todo veníame pareciendo de una tremenda y espantosa vulgaridad.

No. No me conformaba a ello, todo lo contrario. Cada nuevo día en que la vulgaridad cotidiana se hacía más vieja, más fea, más escandalosa, crecía mi terror en torno mío como una muralla cerrada, como una cintura que se abrochase al derredor de mis sentidos, entre mis horizontes y yo. Crecía tanto, que cada vez se achicaba más el cielo... y se me alejaba, se me alejaba más el cielo al extremo último de aquel tubo carcelario por el que yo espiaba, con la frente caída hacia atrás sobre la transversal de mis hombros, el fin de todo aquello.

Así, la aglomeración de aquella gente al pie de la pesada mole del autobús me pareció ordinaria y aburrida. Siempre igual: algún choque sin importancia, un rasponazo en garabato, cualquier abolladura tonta, y luego, las disputas, el vocabulario grosero, los rostros horribles... La curiosidad de la gente, la chismografía de la gente, la idiotez de la gente, la vagancia de la gente...

El inmenso hastío que me pesaba en los huesos, me llevaba despacio pero rectamente hacia aquel cúmulo humano en mi camino, sobre cuyas cabezas se veía en la distancia, disminuyéndose poco a poco, ésta, la fría, oscura, encristalada sonrisa sin labios de la hilera de ventanillas del autobús.

Imprevistamente, algo enorme, algo pavoroso y gélido rebotó contra mi figura como en reflujo de un oleaje manso y entristecido, y tuve la sensación completa, material, táctil, de sacudirme el contacto de un cuerpo físico... tuve la sensación escalofriante de lo que era aquello: un silencio. Un silencio que lo ocupaba todo, que lo inmovilizaba, que vaciaba el tiempo. Y sentí un ansia asfixiante estrangulándome la garganta: el ansia de que se llenase otra vez el tiempo, de que todo se echase a andar, de que el mundo se agitase de ruidos. ¡Oh, esta cosa sorda del silencio en mis oídos! ¿Por qué no hablan esas gentes? ¿Por qué no ríen, pelean, sollozan siquiera? ¿Sollozan? ¿Por qué han de llorar y de gemir?

—¿Qué pasa? ¿Qué pasa ahí? —grité de pronto, echando a correr.

Guardo el recuerdo físico, orgánico, de mi choque y estrujamiento contra aquella masa humana que se abría en hendeduras como una tierra, que se cerraba cual una sustancia pastosa, a mi paso brusco y penetrante. Hombros, barrigas, caderas, brazos: materia dura, blanda, resistente, elástica. Y yo, como la hoja del cuchillo que se le entraba.

Y lo vi todo, de súbito, cuando no esperaba aquello. Derrumbada sobre el asfalto gris de la calle, la mujer se estremecía pacíficamente loca. Era un bulto humano, con la cabeza pendiente y oscilante. Con el brazo izquierdo lo retenía, incrustándoselo en el vientre y en el pecho... al niño. Los presumibles siete años del niño se le salían del cuerpo materno por los pies estirados y tranquilos, más allá de sí mismo. Por la cara le corrían levemente, unas tras otras, adormecidas linfas de sangre. Alto, dos oquedades profundas, entreabiertas, destilando la muerte: una indecible muerte sin ojos. Sin ningún color, sin la posición última de la mirada sorprendida, sin la postrer inquietud del órgano visual que abulta el párpado caído. Más arriba, los negros rizos asombrosamente vívidos aún.

La madre, acurrucada sobre la corteza del mundo; ovillada con el niño, se sacaba del cuerpo el otro brazo, lo alargaba lejos como una sombra, y buscaba, tanteando la dureza y la suciedad y la vaciedad del asfalto. Al inclinarse, se llevaba al niño dulcemente con ella, así de lado.

No sé qué cosas habían o podían haber regadas o revueltas en el pavimento. Sólo veía los dedos: unos dedos fuera de la mano, unos dedos sin mano... Y oía..., oía algo, algo que no entendía. Que venía de lejos, de tan lejos como desde mi infancia. O como desde mi muerte. O como desde esa extraña voz sin sonido, esa voz que en los sueños no se formula ni se oye: que es puramente cerebral, de palabras mentales silenciosas, que luego sólo se recuerda de ellas un mudo diálogo de fantasmas que conversan y se entienden sin hablarse ni escucharse.

Era la madre que decía:

—Sus ojitos... ¿Dónde están sus ojitos? ¿Dónde?

Y buscaba con los dedos en esqueleto, entre no sé qué cosas, contra no sé qué superficie, a no sé qué distancias, en no sé qué rumbos.

Nadie se movía. Nadie hablaba. Parecían todos muertos. Muertos de pie. Quizá había lágrimas en algunos rostros. Quizá. Yo no lo vi. Porque no quería yo mirar hacia los ojos de la gente: de la gente que podía llorar. De la gente que parecía muerta de pie, pero a la que se le podía ir bajando, piadosamente, los párpados sobre los ojos, dentro: allí, en ellos.

Me froté los míos. Los sentí fuertes, duros y finamente sensibles bajo unos retazos de piel que mis dedos fruncían y estiraban, con un cosquilleo de pestañas en las yemas de mis falanges. Un segundo apreté con tal desesperación, que me dolieron los ojos con delicadeza resentida: muy adentro, muy encima. Pensé que tenían vista... Pensé que si los abría, vería aquello terrible: aquella muerte sin ojos.

Huí, pasando por delante de la gente, buscando una salida de costado. Creo, no tengo la seguridad, que casi piso los dedos espectrales, sin mano, que buscaban los ojitos del niño.

(II)

Y así terminó el cuento que escribía, sobre el escéptico aburrimiento de la vulgaridad de las cosas todas. Había estado lloviendo mientras lo escribía. El aguacero, lo sentía a sus espaldas detrás de los cristales del amplio ventanal. Lo oía, como si se tratase de algo que aconteciese en otro mundo. Como a través de un sentido en otro cuerpo que le fuese extraño. Con el alma dentro de su cuento, cual le había sucedido ya otras veces, la emoción le absorbía de tal modo que gruesas gotas de un sudor helado le surcaban la piel sobre los flancos en lento destilar de las axilas.

Bien es cierto que hacía calor, que iba envuelta con una ligera bata de seda, que apenas a dos pasos la estufa eléctrica intensificaba hacía rato la calefacción del local.

Sintió que en la punta de la pluma quedaba colgada, cual una hilacha, el silencio que había descrito. Sintió que le dolían los ojos, y, comprendió que de verdad se los había frotado sin pensarlo, con desesperación. Sintió, sin oírla —tal y como había narrado que se perciben las palabras no habladas ni escuchadas en los sueños— la voz de la madre que preguntaba:

—Sus ojitos... ¿Dónde están sus ojitos? ¿Dónde?

Y sintió de repente, la soledad en que se hundía al escribir. Mas, cuando su pensamiento pronunció las letras de *soledad*, comprendió con un hondo y prolongado escalofrío en la médula, que se trataba de algo a la vez más misterioso y real, más próximo y lejano, aquello en que escribía, sumergida hasta perderse, ahogada en una extraña nada que era, sin embargo, una presencia: eso, algo donde casi había naufragado; una ausencia. Una ausencia de sí semejante a la muerte; una muerte en torno suyo: la muerte del mundo. Absurdo o paradoja o demencia, era eso: una inconsciencia de todo su cuerpo, de todo lo material objetivo. Ausencia de su propia historia, de los compases de su tiempo: pasado, presente, futuro. Ausencia que era amnesia de todas sus circunstancias; traslación total y perfecta a las situaciones fantásticas de sus narraciones.

Ahora fue el despertar, el miedo. Afán y necesidad de recuperarse, de reencontrarse. De volver a ser. Con movimientos precipitados, que se hacían violentos y angustiosos, abrió el ventanal. Se asfixiaba. Como ocurría en el cuento cuando sintió que el silencio la estrangulaba.

Abrió los brazos, quedando en cruz sin darse cuenta de ello. Al descubierto. Abrió los ojos, para verlo todo: la noche negra chorreando lluvia; los árboles apretados de ramas, de ramas cargadas de lluvia; el brillo artificial del asfalto, con ojeras débilmente grisáceas bajo los faroles del alumbrado público, cuya luz se rayaba de lluvia. Abrió la boca, para exhalar los terrores de sus fantasmas, para renovar su aire, para descansar su opresión.

De pronto, aquel frío inaudito. Aquellas agujas en el pecho. Aquel cilicio en la frente. De pronto, este temblor en los huesos. Este estremecimiento en la carne. Este zumbar dentro de los oídos. Y ahora sí, la asfixia verdadera. El apresuramiento de la disnea. Un dolor real en los pulmones, y un manto de tristeza en los recuerdos. Y una puerta que rechina, en el cerebro. La fiebre. Y con la fiebre el delirio. Y en el delirio, una acusación subconsciente, un sufrimiento que se queja y le reprocha:

—¿Por qué?... ¿Por qué le saqué los ojos al niño? Pude hacer que muriese, sin sacarle los ojos... Sí. Pude hacerlo. ¿Por qué entonces? ¿Por qué le saqué los ojos al niño?

PELUSA

(I)

No era mía; no. No lo sería nunca... y, sin embargo, lo es. Se abrieron, delante del pecho, como alas que se descruzasen, los costados del abrigo, y las manos extrajeron aquel pequeño y tímido nudo de vida. Vida raída, erizada, inmensamente perpleja. La pusieron en el suelo. Quedó ovillada: toda redonda, cero relleno de un punto, rodeada de vacío, de incógnita.

—¡Es tan sólo una pelusa! —exclamé. Agachada, permaneció la gatita, con la cabeza inerte contra el rojo de la alfombra. ¡Pobre *Pelusa*, cenicienta y áspera!

Me la dejaron a cuidar por varios días, únicamente hasta que pudieran llevársela a la que había de ser su hogar permanente. No sabía ella todavía lo que era un hogar, pero ¡ah! pronto lo sabría. Callejera hasta entonces, no por falta de virtud, sino por orfandad, por miseria: por excesiva anchura de la tierra, por excesiva estrechez de la raza humana.

Quiso andar, y fue cuando se le vieron las patas traseras estropeadas, y la cojera del paso. El sucio y deshilachado algodón capilar que la moteaba toda, hervía de pulgas hasta sus párpados. Miró en torno, volteando apenas un ojo sorprendido y lastimero; el otro legañoso, pegado y lagrimeante. Sus cuatro patas eran blancas, cual insólitos guantes o nubecillas enganchadas. Era algo, nada más. Una ínfima cosa. Pero su levísimo peso parecía presionar toda la casa: sentirse sobre la superficie del mundo entero. Porque era así, casi minúscula, casi extinta, un centro de vitalidad. Porque había en ella, recogida e interrogante, una infinita tristeza universal.

Humildemente, la levanté del suelo, como se alza la flor, el agua o el viento que se aquietan a nuestros pies. Quedóse arrodillada en mis manos. Indiferente a todo: sólo preocupada por su propia naturaleza, cual si su instinto fuese una oración por su supervivencia animal..., o divina, producto de la misma creación que me creara; resultado del plan total que incluía mi existencia.

(II)

Su mudez la hacía tan presente que no la dejaba a una vivir. Su inquietud lo invadía todo, hasta arrimarse a las paredes, hasta topar con el techo. Aún durmiendo, yo sentía que estaba allí, tal como era: un aliento tenue en ésta, mi soledad. Siempre inmóvil hasta su horizonte. Alguien había en la casa.

Ella dormía. ¿Con ganas? ¿Con gusto? No podía hacer otra cosa. El abrupto baño la tenía tonta, ausente, allí: en la linda cesta con aspecto de cuna. Quizá divagaba. O se aburría. O dejaba correr el tiempo. O se alimentaba de tiempo. Porque era eso lo que necesitaba: tiempo para poder vivir.

(III)

Con gran susto mío, la observé cuando salió trabajosamente del canasto, y se arrimó toda al plato de la leche redondeada, cual una torta blanca, en el fondo. No se estremeció, no: sólo una leve onda del líquido en su cuerpo, al resbalar hacia adentro sobre el pétalo rojo de su lengüecilla. ¡Y fue tan poco! Como si no resistiese más. Sin fuerza para hacer más. Luego trató de rascarse. Su pata lisiada tembló angustiosa, inútil, en el aire, sin alcanzar su cuerpo ni su cabeza. Ella pareció darse por rascada. En silencio, me miró. Fue cual si tomase conciencia de mis actos. Tal vez ya no temía nada de mí, pero tampoco esperaba nada. ¡Y yo que no soportaba su enorme tristeza!

Porque la calle había sido dura lección para ella. Hambre: un hambre tal que ya no sentía apetito, sino extenuada debilidad. Hambre que se alimentó de basuras que le estragaron el estómago. Sed, que la secó toda. Soledad que la redujo al solo volumen de su único cuerpecito. Golpes, que le magullaron las caderas. Crueldad que le dejó en el vidrio de los ojos el alma paralizada, atrozmente apática o fatalista. ¡Bola de pelusa con un corazón en nido que latía tan fuerte..., de tanto miedo a la ingrata vida! ¡Qué lástima por ella recorrió toda mi piel!

(IV)

Pelusa confía ya en mí. Su *miau* hay que leerlo por entre los hiperbólicos bigotes canosos, como hacen los sordos para oír la palabra humana en labios ajenos. No ríe *Pelusa*, no *habla*, todavía no pide: simplemente expresa su presencia. Copos blancos, trechos grises, rayas negras. Ojos color de uva, que, curados ya, se le ven ahora tan amplios que dan un gusto maternal. Ya va, y viene. ¿Es la curiosidad un indicio del renacer a la vida? La gatita huérfana, anda, siempre callada y lenta por los rincones; se sube a los muebles, entra y sale de la cesta; reconoce su plato de leche, y ha escogido ella sola, pulcramente, un rincón para sus cosas. Ella es limpia, y si tenía pulgas y polvo, no era culpa suya: la inhumana gente la había maltratado, ensuciado y humillado. Pero era antes, eso fue allá. Ahora, va saliendo ya de lo hondo de sí misma. Su espontaneidad, es aún sólo vitalidad que se recobra, no consciente confianza. Y todavía no entiende por su nombre, ni palabra alguna cuando se la llama. Es como si fuese sorda.

(V)

Pelusa me ocupa todo el tiempo. Es decir, en cuanto el tiempo es atención, pensamiento, inquietud. Y también, caricias. Si salgo, la recuerdo constantemente metida en la casa. ¿Qué estará haciendo? No es que se trate de un animalito, no: porque es un poco de vida, enferma y entristecida. No juega. No sabe jugar. No corre. No salta. No tiene gusto por nada. Nada le interesa. Temo a veces que se quede muerta entre las colchas en la cuna de su cesta. Y acudo. Investigo. Las orejitas se levantan despacio, pesadamente. ¡Vive! ¡Al menos vive aún!

(VI)

Ahora se trepa a mi asiento, con cansancio. Tímida, débil, alarga la patita. *Miau* —dice tan quedo que parece muda. Me hala un poco de la ropa. Se sube a mi falda. Levanta la cabeza, y me mira fijamente. Ronronea. ¿Le va atrayendo la gente?

Y cuando ya nos vamos entendiendo, y confiando la una en la otra, tiene *Pelusa* que irse. Hay otro amor en su historia. El amor grande y generoso que la recogió de la calle.

¡La extraño ahora tanto! Ya no hay preocupación en mi sueño. Ni celo, ni mimo, ni temor al despertar. Ya no conjeturo dónde estará. Ya no espío sus movimientos, para adivinarle la recuperación de su personalidad. Ya nada se agita, renqueando, en torno mío. Ni ese montoncito de vida sobre un cojín me da la sensación de una presencia humana. Ya no me miran dos pequeños ojos de miel o de algas marinas, o de uvas verdosas. Ya no me miran para saber lo que pienso. Ya no siento en el regazo esa extraña y suave gota de calor de su ser acurrucado, que hace poco me hacía sonreír con inesperada dulzura. Y reflexiono, con súbito pesar, que las pupilas de *Pelusa* jamás expresaron gratitud. Quizás no fue egoísmo suyo, sino que me siento despechada.

(VII)

He ido a visitarla. *Pelusa ríe* ya. Y juega como cualquier animalito, o como los niños normales. Gira sobre su sombra. Salta, persiguiéndose el rabo. Lo mordisquea. Todo lo atrapa, y lo rueda con sus patas, ya vivaces y tan ingenuas. Come carne. A veces, parece que frunciera el ceño. Su pelambre es ahora sedosa y nítida. Reluce el hermoso lunar blanco de su garganta. Tiene la inocente carita más llena; los ojos, más inteligentes, y los bigotes, ¡qué gracia! parecen estirarle y ampararle una sonrisa. Sus *miaus* tejen una conversación: preguntan, contestan, piden, llaman, regañan. Entiende por su nombre, y viene cuando lo oye. El *run-run*, es en la actualidad sonoro, pleno, largamente voluptuoso. Y *toca* la pianola con sus manos apoyadas, que aprieta sin levantarlas, alternándolas con un estremecimiento en todas las patitas.

Busca cariño como antes, como siempre. Es decir, entonces buscaba, más que otra cosa, protección. Pero ahora que se ha hecho más exigente, traviesa y rebelde, tiene un trato familiar más cariñoso; según su manera de querer, claro está. Sin embargo, es bastante dócil. Yo me pregunto si aún tiene miedo. O si al menos recuerda de vez en cuando. O quizá es sólo prudencia. O un poquito de innato desdén.

Pero todavía no he dicho que Pelusa me reconoció. Vino hacia mí con su paso torcido, con sus patitas traseras trabadas, recordándome. Mi voz le hizo levantar las orejas, tan bien dibujadas que las tiene, muy erectas. Me miró a los ojos con mirada penetrante. ¡*Miau!* —me dijo, con peculiar entonación, con más vigor. Y me lo dijo varias veces. La cargué, enternecida. Besé su frente con honda gratitud. ¡No se vive en vano!

CABELLERA ROJA

(I)

Era como una gran mota de serpentinas desenvueltas y enredadas en un torbellino rojo. O como una enorme esponja hinchada de vino. O un mechudo plumero en llamas.

Así, el pelo hirsuto del muñeco pendiente de la cuerda de la que muchos tiraban, cual trágica piñata, en bruscas sacudidas intempestivas. Todo el fantoche se estremecía con una convulsión epiléptica. El rostro ancho y tenso, con dos ojos tan distantes, casi ya debajo de las extremas sienes, que toda la cara azorada tenía algo de idiota. La boca, unos costurones abultados y torcidos. La nariz, amorfa. Las orejas, como abanicos. Piernas y brazos en forma de tubos, abiertos cual aspas de molino. Al pecho, un letrero infamante que decía: *Judas*.

Pedruscos, tierra, palos, promiscuas basuras le golpeaban, herían y ensuciaban. Con sus ojos espantados y remotos, el títere veía a la multitud abajo, enfurecida contra él, escarneciéndole con piedras, gritos y salivazos.

De pronto, se aflojaba la soga y él descendía abruptamente para quedar entre las manos rabiosas que le alcanzaban los pies, y tiraban de ellos hasta parecerle que le arrancaban los muslos desde las mismas caderas . Y luego volvían a izarlo con tal violencia que él daba una horrible voltereta en el aire.

«¡Están locos!» —pensaba— «¿Qué les he hecho yo?»

En la pequeña plaza ya no cabía más gente, ni más polvo, ni mayor agitación, ni más palabrotas.

—¡Muera! ¡Muera! ¡Traidor! ¡Ladrón! ¡Asesino!

Como estopa ahuecada se le inflaba el pelo pajizo. Sentía que los brazos le volaban del cuerpo; que el cuerpo se le desencajaba todo. Y luego, el vértigo. Todo giraba. ¡Tan pronto se iba de cabeza en aquel infierno humano de bocas rajadas en la risa y en el dicterio, de ojos febriles, de miradas afiladas y brazos en lanzas, púas! ¡Tan pronto! Remontaba entre imágenes oscilantes de edificios, y espejismos de árboles erizados en torno suyo.

«¿Cuándo acabará todo esto? ¿En qué terminará esto por fin?» —se preguntaba lleno de una angustia crujiente en todos sus miembros de trapo retorcido y embutido.

La multitud, espumosa de ira y delirante de juicios, lo retuvo en uno de esos veloces descensos. Sintió cómo le asían al azar por todos lados, pellizcándole, aquellas manos crispadas, voraces.

«¿Qué me irán a hacer ahora? —Así, de tan cerca reconoció a algunos—. «¡Qué desfachatez! Llamarme ladrón cuando es él quien roba de cuánto hay, desde dinero hasta la honra...

—¡Infame, tú mataste al Señor!

Le fue muy difícil, y hasta doloroso mirar con sus dos ojos tan espaciados a la cara de aquél, teniéndole encima de sus narices, como suele decirse. Comprendió de súbito de lo que se trataba.

«¡Me sacrifican, cielos, me sacrifican! Ah, pero no me engañan, no. Hacen esto para congraciarse con el Señor, y adularle porque tienen la conciencia sucia, bien puerca. Voy a decirles...»

Pero nada pudo, porque le abrieron la boca y le metieron en ella algo apretado, duro, demasiado grande para su boca fruncida. Mas, ¡con qué agudo pensamiento los zahirió entonces en silencio!

«¡Inmundicia! ¡Canallas! ¡Bazofia! ¡Mil veces cobardes! Creen que haciéndome esto distraen la justicia de Dios. Yo soy la pira y el rehilete, y el espantajo de sus propios vicios y pecados. Vienen a dárselas de puros y piadosos con este salvaje espectáculo a costa mía».

La multitud, histérica de alegría y excitación, rió, saltó y gritó. Risas y saltos y gritos eran un pavor único que se estrellaba y desparramaba como cristales rotos, como cataratas, como chispas y ronquidos de volcán.

—¡Por haberle entregado y crucificado, ahí te va eso!

«¿Qué hubieran hecho ellos, de haber estado allí? ¡Ah, ninguno le habría entregado!, ¿eh? Se ven todos ahora tan limpios de alma, tan valientes de voluntad, tan leales y amorosos de él, de Jesús... ¿Y qué hacen a diario? Roban, matan, perjuran, blasfeman, les pegan a las mujeres y a los niños; calumnian, venden, compran, se emborrachan, y fornican como animales, con perdón de estos sea dicho».

«Están aterrados por el infierno. Se aterran, de pronto, del infierno en cuanto llega mi fecha. Y recurren a esta catarsis de sus pasiones. Aprovechan para desahogar sus rencores, su envidia, su vanidad, sus celos, sus ambiciones. Y vienen a cumplir con Dios, a testimoniarle su reprobación del miserable Judas, a gritarle: 'Yo no fui, fue él. Y mira lo que hacemos con él, Señor. Mira cómo te vengamos...'»

De repente, una estrellita dorada se le posó en la nariz exigua, como una mosca terca. Y chirrió la estrellita. Él cerró y abrió los ojos. Un segundo nada más.

Lo soltaron, templando la soga, y se sintió meciéndose en el aire, pesado y ligero a la vez su cuerpo grotesco. Flotando en el aire, como extraño a sí mismo. Había —casi dentro de él— el silbar de un ruido pequeñito, el culebreo de un ruidito rápido y aspirante. De aquel taco con que le taponaron la boca salía la punta de un cordón. Maloliente aquello. Olisco. Bizqueó los enormes ojos hacia su nariz.

«¡Cordón no es, que es mecha!»

Con indecible desesperación hizo un inmenso

esfuerzo interior por juntar y doblar sus brazos y sus piernas para manejarlos. Sacarse aquello, zafarse de la cuerda, saltar luego y huir, huir... Pero sus miembros no le obedecieron, permanecieron rígidos, abiertos en aquella estrafalaria y gigantesca X fría, estirada, muerta en el vacío ciego.

Al instante sintió un intenso calor, como de ráfaga, en la boca, y después, una quemadura feroz. Pensó que se volvía loco..., pero era que la pólvora le estallaba en la cabeza.

(II)

Aquél de entre el gentío: el de los ojos negros, fulgurantes y espesos como carbunclos. El de la piel pálida, blanca y amarillenta. El del pelo azabache y los labios violeta. Aquél, que se fijó de pronto en el otro; con la tez suavemente rosada, como de rubor. El de los ojos azules, calmados y finos como florecillas. El de la cabellera roja y los labios de fresa.

Rechinó el primero:

—¡Ah, maldito Judas!

Y se abrió paso con los codos y las rodillas. Extraviado de tan fanático. Duro, de tanto odio. Delirante, de terror tanto.

—¡Judas! —raspó contra sus dientes, deslumbrado por el fulgor de aquel pelo como el crepúsculo.

El otro le miró, contestando instintivamente cual

53

si le llamasen.

—¿Qué?

Se detuvo éste, sorprendido. Pareció que la crucecita que llevaba colgando al pecho semidesnudo parpadease al movimiento, en el guiño de su imperceptible luz de oro, allí entre la espesa pelambre negra.

El otro era, como de dos gotas engarzadas, tan igual a Jesús, que daba escalofríos. El cabello se detenía en la nuca, inocentemente rojo. La nariz, recta, pulida, casi blanca, un poco anchas las aletas. Varios días debía llevar el hombre sin afeitarse, pues un vello suave le cubría parte de las mejillas, el mentón y el labio superior. Era apenas una misma sombra dorada, un velo de hebras entretejidas tan pálidamente enrojecidas cual si fuese el bochorno de un fuego. Aquellas ojeras morenas, tan profundas y tan tiernas eran las que daban a su rostro una inefable paz triste.

—No. No es Jesús, no. ¡Es... Judas! ¡El diablo de Judas!

—¿Qué quieres? —Volvió a responderle frunciendo levemente las cejas su interlocutor, con extrañeza.

Se enfureció el que había llamado su nombre, sintiéndose trastornado por unos segundos. ¿Tentación o verdad? ¡Era tan conmovedoramente joven el pelirrojo? Una juventud tan expuesta, tan cándida y clara. ¡Y aquella mansedumbre de su rostro! Dudó un instante y entonces preguntó:

—¿Judas?

—Sí, soy Judas. ¿Y tú?

Visión o realidad, se trataba de un desafío a sus sentidos —sentía él—; a su lucidez, y se abalanzó contra el otro. Judas vio la crucecita el pecho, alzó luego hasta los ojos negros su mirada azul, y sonrió irónicamente. El agresor siguió hasta su propio pecho la mirada del otro, y hundiendo el mentón en su propia carne dijo:

—¿Te burlas de Cristo, perro? ¿Por eso le imitas?

Mientras decía le abofeteó bárbaramente, haciendo que se le torciera el cuello.

El abofeteado, ni puso ni negó la opuesta mejilla, pero replicó valerosamente, con voz lenta y vivaz:

—Me burlo de ti, que si no le vendes, pretendes comprarle. No imito a Cristo, me parezco a él, nada más. ¡Y es todo, créeme!

—¡Hereje! ¡Bribón!

Arremetió contra él, vociferante, y llamando a toda la gente con sus gritos:

—¡Es Judas! Vengan. Vengan todos ¡Es Judas! Arrancadle la cabellera roja. ¡La cabellera roja! ¡Arrancádsela!

Cuando los policías lograron dominar el tumulto,

55

y apartar a los agresores, pusieron de pie al joven entre tirones y forcejeos.

Golpeado, pateado, mordido, arañado y escupido marchaba el jovenzuelo. Le sangraban los labios y las sienes y las manos y los oídos. Parecía que toda la piel le sudase por todos los poros a la vez, en una transpiración unánime de agonía. Un temblor, la brisa de un temblor, le aleteaba en los labios. Lívidas y opacas las ojeras. En los ojos transparentes la moribunda ironía solitaria. Y sobre la frente herida, la hermosa cabellera roja aleteaba al viento, a las sacudidas, a los empellones, a la luz y a la amargura.

(III)

—¿Cómo te llamas? —preguntó el juez.

—Judas Tadeo Álvarez, señor.

—¿Te burlas? ¿Cómo puedes llamarte Judas?

—Llamándome, señor Juez.

—¿Estás bautizado?

—¿Cómo no estarlo, señor? ¡Naturalmente!

—Tan natural no lo veo, pues no entiendo cómo el sacerdote te puso por nombre ése...

—¿Y por qué no?

—No hay sobre la tierra hombre que se llame

Judas.

—¡Yo! Judas Tadeo.

—Eso de Tadeo, ¿es tu apellido paterno?

—Es mi nombre compuesto.

—¿Te das cuenta de que estás hablando con un juez? ¿Eres imbécil, loco, o desvergonzado?

—No soy nada de eso, señor. Tadeo era el sobrenombre de Judas, y el cura no tuvo a menos ponérmelo todo así, entero.

—Iscariote. Ése era el sobrenombre del taimado.

—El del otro Judas, el santo, es Tadeo, señor. Por eso el sacerdote estuvo de acuerdo con mi padre en llamarme así.

—¿En serio? ¿Hay un santo que se llama Judas Tadeo?

—Nació en Canaan de Galilea.

—Ah, ¿Cómo Jesús?

—Era su pariente.

—¿Pariente? ¡Vaya!

—Según unos, era su mismo hermano, al igual que se dice de Santiago...

—Jesús no tuvo hermanos. No seas hereje. Que me seas simpático, pase, y ya es bastante, pero que me vengas con esas imposturas y blasfemias...

—Según otros, sólo era primo. Hermano de Simón, llamado el Cananeo o Zelotes, para distinguirlo de Pedro, y hermano también de Santiago el menor. Tadeo le decían, para diferenciarlo del Iscariote. Los tres eran hijos de Clofás y de María Salomé, primos estos de la Virgen.

—¡Hum! ¿Y cómo acabó tu Judas Tadeo?

—Después de la Resurrección tuvo que huir a Egipto, pues por llamarse Judas los judíos lo persiguieron.

—¡Claro! Como a ti te pasará con los cristianos. No sé a dónde vas a huir tú, llamándote de tal modo y pareciéndote a Jesús, con ese pelo rojizo. ¡Vaya situación la tuya! Créeme que no te envidio. Y con tal facha, ¿cómo se te ocurre ir a la plaza en esta fecha de la quema de Judas, para armar escándalo?

—He empezado a ir este año, señor. Iré siempre que pueda, en lo adelante. Y sólo tengo veinte años. Yo no hice más que estarme allí, callado y quieto. Mirando y pensando hasta que ese poseído me atacó.

—Tus veinte años se ven. ¡Saltan a la vista! En cuanto a volver a... ¡No en esta plaza! Te lo prohíbo. Te vas si quieres a otra ciudad o pueblo, o simplemente a otro barrio para que te toque así otra Prefectura de policía. ¡Aquí no me vuelvas! ¿Lo oyes? No quiero más líos de estos.

—Judas Tadeo viajó mucho.

—Se comprende, ya te digo.

—Por todo el Norte de África... Y Mesopotamia... De ahí pasó a Persia, con Simón. Ambos predicaron allí, y fundaron iglesias. En Persia fue el fin de los dos.

—¿Cómo fue? ¿Qué ocurrió?

—Los magos y sacerdotes locales instigaron al pueblo, que los arrastró y quiso obligarlos a adorar sus ídolos. Al negarse, los martirizaron. A Simón lo aserraron por la mitad del cuerpo, y a Judas Tadeo lo decapitaron.

—¡Qué horror! ¿Y tú, hijo, qué pretendes hacer en la vida? Doquier vayas te sucederá igual que hoy. Apuesto a que no has podido asistir a la escuela como los demás niños.

—Así es, señor. Todo cuanto sé me lo han enseñado mis padres en casa.

—No sé lo que puedas o no saber, hijo, pero tu padre debe ser un chiflado.

—Es un hombre de fe y muy valiente.

—Bueno, bueno... Pero, ya el año entrante serás mayor de edad, y podrás cambiarte el nombre legalmente. Eso se puede, y en tu caso, se debe ...

—No, señor. No lo haré.

—¿Por qué?

—Pues porque soy cristiano, señor Juez. Y porque amo a mi santo. Tengo aquí una estampa suya. ¿Quiere...? ¿Quiere usted verla?

—Sí, a ver, hombre... ¡Hum! ¡Vamos! ¡Un señor con toda su barba!

—Sí, es muy barbudo y fornido. Tiene cierta apostura. Se ve todo un digno y valeroso varón. ¿No cree?

—¿Y esa escuadra en la mano derecha?

—Dicen que era carpintero, aunque a lo mejor tiene otro sentido.

—¿Y ese libro en la izquierda? ¿Algún libro santo?

—¡Ha de ser! Indicará la verdadera sabiduría.

—Bueno, bueno... Ya está bien. Volvamos a tu caso. ¿Qué vas a hacer? ¿Qué tiene que ver que seas cristiano con eso de llamarte Judas? En todo caso pudieras llamarte mejor Jesús, si hasta te le pareces.

—Ningún hombre debiera llamarse Jesús...

—Espera un poco... ¿Qué dices?

—Se cometen tales acciones que manchan ese nombre. Claro que nadie se escandaliza por ello. Es incomprensible. Lo que voy a hacer a partir de ahora, señor, se lo diré. Difundir el conocimiento de Judas Tadeo, el santo. Cuando ocurran estas dos cosas que diré, habrá paz al respecto: una, que en la fecha del 28 de octubre se conmemore en las plazas públicas su martirio, honrándose su memoria. Y otra, que los hombres pierdan el miedo y la superstición que conlleva llamarse Judas. Los padres y los sacerdotes debieran ya empezar a bautizar a cuantos niños puedan con el nombre de Judas. Se acabaría así este odio absurdo, y el espectáculo repugnante y denigratorio para sus ejecutores de quemar el muñeco de Judas, abriendo un abismo de enemistad y de crimen entre hermanos, agitando con el pretexto del Iscariote, todo el resentimiento y la hez humana. Es una escena de barbarie, indigna de los que se dicen cristianos. ¡No más Iscariotes! ¡Judas Tadeo es un santo olvidado por cobardía de los hombres! Pocos le rezan o le dicen misa, y muchos ni siquiera saben de él. Es injusto y cruel que nadie quiera llevar su nombre. Yo sí me atrevo, ya que mi padre tuvo ese valor antes que yo, y esa piedad para el mártir. Al traidor lo queman en efigie porque les habla a las conciencias, los delata en sus maldades, vicios y pecados. Por no oírle es que le queman, por no verse reflejados en su espejo. Creen engañar a Dios...

—Bueno, hijo. Tu idea es seguramente noble. No hay duda... Pero te prevengo que ponerla en práctica te va a traer muchos sinsabores y a poner en graves peligros. Y al final... No podrás.

—¿Sabe usted que lo que se le pide principalmente al santo es que aleje de nosotros a aquellas personas que nos pueden dañar?

—No. No lo sabía. Pero… ¿cómo es que no alejó a los que aserraron el cuerpo de Simón y a decapitarlo a él mismo?

—Aún no era santo, ni mártir, señor. Fueron la santidad y el martirio los que le otorgaron ese poder de intercesión.

—¡Ah!... ¿Y lo tiene en verdad?

—Yo lo creo.

—Bien, Judas Tadeo Álvarez, te dejo en libertad de… En fin, que puedes irte.

—Gracias, señor Juez. Es justo que así sea.

—Oye…

—Sí, señor.

—¿Y… nos aleja a las personas que pueden causarnos daño? ¿Por qué entonces no le invocaste en la plaza?

—Porque quiero servirlo y hacer mi obra. Sólo en caso de un peligro tal que me impedimente para ello invocaré su socorro.

—¡Ésa es tu filosofía! Pero… dices que es milagroso y que aleja de nosotros aquellos…

—Hay muchas maneras de alejar.

—¡Hum! Quiero decir que puede ser útil, muy

útil tu santo. ¡Tiene uno sin querer tantos enemigos! Y tú, ¿has tenido ya alguna prueba de su eficacia?

—Así es, señor.

—¿Cuándo ha sido?

—Lo invoqué al verme frente a usted.

—¿Qué dices?

—La verdad.

—Bueno, y... Tienes razón. Al cabo ni una multa siquiera te he cobrado.

—Ya ve usted.

—Pues a mí me convence como prueba. Sí que es útil, muy útil tu santo para un caso de necesidad. Uno nunca sabe. Vete pues, en paz, Judas Tadeo... ¡Álvarez!

EL PIANO

(I)

Cuatro de la tarde. Hora láctea, astringente. En el espacio, el letargo de la luz. Por la vía, el ruido se estruja contra el pavimento, y sube como una marea invisible y compacta, hasta las torres de los edificios, estrafalarias orejas de la ciudad.

La señorita Matilde tiene los ojos patéticos, engarzados como dos pequeños hemisferios tropicales en la perplejidad de su dulce rostro. Con sus manos largas y verdosas como herbazales, va formando las filas de los niños que salen de la escuela. Las hembras de un lado, los varones de otro, parlotean como gorriones, perfilando la línea ingenua de sus cuerpecitos en el cordón, de uno en fondo.

La calle se estremece con la infantil carrera. Los automóviles deponen su trajín. Los edificios se lavan la cara con la risa fresca y límpida de los niños.

La señorita Matilde, con los libros bajo el brazo, sale la última. Sus movimientos son autónomos, espontáneos. Es tiernamente joven. Cruza por la acera desplegando en la burda inquietud del ambiente el boato de su gracia.

Llega a su hogar, y se despoja del viso pedagógico de la escuela. En la sala hay un piano horizontal. Matilde se sienta frente a él. Lo desnuda físicamente, y pasando sus dedos sutiles por el teclado hermético, acaricia en la carne viva de su música, su alma inmaterial. Bajo sus manos, sublimadas, florecen las armonías espirituales de los muertos. Matilde ama la voz inspirada de las cuerdas, las gallardas formas del piano.

(II)

Domingo. Día lacio, huero. Horas gruesas, como gotas de aceite medicinal. Matilde cose. En la ventana se electriza al sol un rosal. Entre tanto las manos de la mujer interfieren en la tela el sistema nervioso de los hilos, su mente revive los poemas musicales que el piano le reserva a los anhelos jerárquicos de su espíritu.

Matilde cose mecánicamente. En el atril de su vida, el tiempo va pasando las horas de su diario: la escuela; las obligaciones domésticas; el trabajo, como un ancla en la raíz de su corazón. Y la música como una hélice en la trayectoria de su fantasía.

De las rodillas se escurren las tijeras. Se le clavan las dos puntas, como las antenas de un alacrán mecánico, en el empeine del pie. Matilde sigue cosiendo, ausente en su complicada y melódica abstracción. La última puntada en la costura de una mujer es como el punto final de una carta. Produce una reacción física y mental. Matilde recoge sus enseres. Se inclina para recoger del suelo las tijeras. Sobre la media hay un colofón rojo. Y en su espíritu se despierta una vulgar alarma. Oprime con los dedos, romos de uñas, los bordes de las heridas. No siente dolor. No lo sintió cuando las tijeras le clavaron sus puntas, en el empeine del pie. Matilde se extraña, mas mil actividades inmediatas urgen su atención. Y se pone a cumplirlas. Pasa ante el espejo. Se arregla, modestamente la fina alambrada de su cabello rebelde. Y repara, como al descuido, en el islote de una mancha violácea que le decora la mejilla.

(III)

El médico tiene las manos secas, descoloridas, a fuerza de desinfección. Los cristales ahumados de sus lentes le dan aspecto de serenidad. Lo aíslan de la gente a la vez que lo colocan en un plano superior, de observador. Su voz tiene la dureza incisiva del bisturí; pero el médico ha llegado ahora a un grado de humanización, inusitadamente conmovedora.

—Es preciso, que deje usted la escuela. Debe usted tomar toda clase de precauciones.

—Sí, doctor. Yo amo y respeto a los niños para exponerlos al contagio. Mi vida termina aquí, donde comienza la lepra.

El médico no halló palabra de salvación, de consuelo para ella. La palabra difícil, única, milagrosa. La amistad amplia que los relacionaba, anuló el alivio mentiroso, ocasional. El diagnóstico era inapelable. La cura física, problemática. La herida hecha en la juventud de aquella mujer, fatal.

El espanto emergió de las pupilas de Matilde,

cubriendo su rostro de una luz fúnebre. La boca se le rasgó, se quebró en sus bordes, y se abrió en su seno una como hecatombe carnal en cuyo abismo se precipitó la palabra humana.

(IV)

La noche, baja, espesa, táctil, olorosa. Van cayendo, azules y tibias, las estrellas. Sombra en la casa, en la carne, y en el corazón de Matilde. Silencio sin salidas: apretado, solidificado en el alma. Dolor pétreo. Tragedia orgánica. Vida a ras de muerte. Juventud sin horizontes.

Negro, en la negrura compacta de la habitación: el piano. Cargado de esencia musical. Se sensibiliza hasta en su madera, como si un mueble fuese, por generación espontánea, a dar a luz la fecunda sonoridad de sus secretos.

La imaginación de Matilde flamea, incandescente. Sobre el positivo de su sangre infecta, flota la inspiración sobrehumana de su espíritu. De la dolora de su carne roída resurge, en toda la soberanía de su poder, el pensamiento. Ya no hay niños pequeños en la vida de Matilde. Ni esperanzas. Ni amor. Pero el mundo creador de la música está allí, en la dulce cuenca del piano. Basta con verter en ella el hondo dolor que oprime su corazón, para que se enriquezca su vida y se redima su carne.

Matilde hiende con sus dedos febriles el arcano de las teclas. En lo infinito de su emoción viven las potencias insojuzgables de su alma. Pasan las horas.

Pasan. Y ella toca, incansable. Se oye el piano en las horas más altas, más puras e inaccesibles de la noche. La gente, en el fondo de la calle, en lo oculto de sus casas, escucha la música que las manos de Matilde, sin noción del tiempo que transcurre, sin límite en sus fuerzas humanas, esparcen en la sombra y en el silencio.

Toda la ciudad, todo el mundo, están llenos de aquella música excitante, emotiva, trágica. La naturaleza misma, parece oír, extática, el lenguaje extraño —sollozos, gritos, voces de ardor y palabras de un goce exacerbado—, del piano que en la noche cada vez más fina y lejana, dice su música original y fuerte.

(V)

Es la madrugada. La habitación recobra su aspecto habitual, prestigiado por el dulce rubor de la hora recién nacida. Toda la tierra parece una cuna con colgaduras rosas. Todas las cosas se están con los ojos abiertos, en el cándido sopor del amanecer.

Matilde —rendida la cabeza sobre el atril— se despierta al tacto de la hora. A la luz, tibia y rompiente, de la madrugada, las teclas silenciosas se ven bañadas de sangre. Matilde no ha sentido el destrozo doliente de sus articulaciones. El ejercicio físico había hecho saltar las excoriaciones de sus manos deformes. Detritus de carne sembraban de islotes grotescos el charco triste de su pobre sangre podrida. La lepra vertió su escoria sobre el marfil luminoso. Hilos rojos, secos, bajaban por la lustrosa madera del piano. El pus manchaba trágicamente la blanca y muda sonrisa de las teclas.

PUNTOS CULMINANTES

(Prólogo)

Juan José Miranda había puesto ya su nombre, tras largos y martirizantes esfuerzos continuados, en la lista de *los que han llegado*.

Aparte este aspecto del trabajo intelectual, Juan José había tenido una vida plácida, contemplativa, sin trastornos ni vicisitudes; sin otra pena grave que su prematura orfandad, a los cinco años.

Al correr del tiempo, entonces, una sutil sensación de abandono y soledad, en la que confundíanse los movimientos del instinto, el innato egoísmo que propician la protección y la rutina poderosa de la costumbre. Luego, esa inclinación involuntaria del sentimiento cuando en las brumas de la adolescencia, el contraste del sexo le hacía reclamar para sus melancolías y vislumbramientos una comprensión cariciosa, silente, femenina que le atemperara los bríos manteniéndole viva la ternura sagrada. Por último, la nostalgia vaga; la reminiscencia incierta y dulcemente pavorosa que traslucía en sus ojos con todos los tonos de que se plasma el ensueño.

Juan José se casó con una mujer ideal —pero

no *ideal,* de una manera decorativamente adjetiva, sino sustancial. Amalia no sólo era de una exquisita aristocracia de ademanes, sino de una íntima delicadeza. Era *ideal* por eso: por la distinción natural de sus sentimientos y de su fina inteligencia.

El amor de entrambos había florecido en una preciosa niña, tan bella que no podía ya ser más bonita de lo que era. En Natalia se había condensado toda la melancolía espiritual, toda la esencia romántica del arte de su padre, y toda la suavidad y luminosidad de su madre.

Los años transcurrieron con un ritmo inalterable y melodioso, de barcarola. Pero aquellos espíritus eran demasiado selectos para avenirse a la inanidad cotidiana de una felicidad inalterable, que nada ponía a prueba, ni en peligro.

(I)

En el centro de la habitación, una mancha de luz arrojaba las sombras sobre las paredes y por los rincones. En la mesa, donde descansaba la lámpara, amontonábanse las cuartillas, y vagando en torno suyo, unas manos finas y pálidas se movían con extraña impresión de dolorosa inquietud.

Poco a poco, íbase destacando de entre las sombras, al fondo, y en medio de la claridad en corola, el pecho fatigado de un hombre, sobre el cual se abatía pensativamente su cabeza. Detrás, sobre los hombros inclinados, se esfumaba entre los destellos de luz y el telón de la oscuridad, en una zona neutra y ligeramente contaminada de la una y la otra, la figura estilizada de una mujer.

—No. No trascenderá mi arte. Este hombre tiene razón: soy frío, casi mecánico; no sufre y se retuerce por ello mi léxico; no hay esa agitación pasional; esa palpitación en las palabras que componen e impulsan mis frases. ¡Ay, Amalia! —Decía Juan José.

Y ella musitó:

—Pero Juan José, una crítica no pasa de ser una opinión particular...

—¡Lo sé! Pero una opinión tiene derecho a ser acertada, y ésta lo es, desgraciadamente.

—¿Desgraciadamente?

—Sí, porque mi vida anula mi arte.

—¿Pues...?

—Pues que, efectivamente: nada conozco del mal, del vicio ni del dolor.

—¡Juan José! ...

—Soy demasiado *puro; demasiado...* feliz.

—Estás desdiciendo del todo tu vida. Dime, para presentar y *llevar* al ladrón a través de un libro, ¿necesitas robar? Para conocer la vida, ¿necesitas de apurarla como un veneno?

—Demasiado razonamiento el tuyo, Amalia.

77

—¡Demasiado *realismo* quieres, digo yo!

—¡Realismo! Has dicho bien. ¿Ves? Eso es lo que yo busco: realismo es psicología, al par que *naturalidad* es sólo la exteriorización vulgar de las cosas simples. Por mucho que sutilice, imagine, observe, estudie..., no transmito la sensación de la cosa vivida.

—Luego entonces, ¿crees que se te han *amanerado* las ideas y los sentimientos? ¿Qué tu vida ha hecho a tu arte muy convencional? En fin, ¿crees que le escatimas la nota heroica?

Juan José sufría, se desesperaba. Ofuscábase su razón. Su sensibilidad vibraba con una tensión casi mortal. La mente se le poblaba de absurdos, de espantosas quimeras. Conoció el dolor, pero un dolor desviado, indirecto —que no le rendía a su arte el beneficio apetecido, sino al contrario—: le daba una sensación de impotencia.

Al oír a su mujer se había vuelto a ella con un inusitado estupor en las pupilas dilatadas. En el abismo de su alma surgieron deseos nefandos cual germen de tragedia. ¡Demasiado inteligente su mujer! Deseó que fuese estúpida, fea o mala. Por un momento creyó ver en ella la enemiga de su vida; la que le había procurado estabilidad con la paz de sus virtudes: belleza, talento, bondad. Rondó pavorosamente por los límites de la razón, besando, mordiendo los límites de la locura. Luego se deshizo en llanto, en una física y oportuna explosión de energías. Pero era tarde ya : su mujer había visto; había leído en él; había interpretado.

(II)

La habitación cerrada. Toda la casa triste y en silencio. Los médicos, atareados, estorbando en lo que cabe, la ronda de la muerte. Después de un receso de dieciocho años, Amalia iba a tener un hijo. El parto, en el octavo mes, se presentaba tan difícil, que peligraba su vida.

En el cuarto contiguo al de la parturienta, Natalia y Juan José sufrían la angustia torturante de la espera. Y ésta se presentaba con todas sus manifestaciones inherentes: la sensación de asfixia, el estupor, la congoja, el miedo, la excitación nerviosa. La acumulación de preguntas sin respuestas, o las respuestas incoherentes a unas preguntas que no llegaron a formularse sino en el pensamiento, cuando se estaba ya en otra preocupación inmediata, irrefrenable. ¿Por qué no rompía en llanto el niño? ¿Por qué no se le oía? ¿Por qué el llanto no llegaba hasta ellos?

Silenciosamente, al fin, se abrió la puerta.

—¿Ya?

—Sí..., pero el peligro aumenta.

—Sálvemela, doctor. ¡Sálvemela!

—Esperemos.

—¿Y el niño?

Un gesto. Apenas una mirada. Nada. Comprendieron.

Coincidieron la solicitud de ellos, cierto ademán y la piadosa autorización del médico.

—Sí. Pueden entrar, pero no la exciten.

—¡Amalia, hija!

—Mamá

La yacente sonrió con tristeza, murmurando:

—¡Pobrecito!

—¡Sálvate tú!

Abatió los párpados y dificultosamente silabeó:

—Me iré también, acaso...

—No, mamaíta. No.

—Hija, ten valor.

El médico se aproximó al grupo:

—Salgan. Salgan un momento, por favor —solicitó—. Y persuasivamente se dirigió a ella:

—No quiero que se altere, señora.

—No, doctor, quiero... —Se detuvo. Palideció aún más, a tiempo que hacía una mueca involuntaria—: quiero hablar... con Juan José... solos.

El médico accedió. Era esto lo único, y lo último,

que podía conceder.

Quedaron solos, bebiéndose las miradas.

—Amalia, amor mío.

—Tienes que ser fuerte, Juan José. Me muero, y tengo un secreto.

—¡Calla! ¡Calla! ¡Y vive!

—En mi escritorio... ¡Una carta!

—Deja eso, Amalia. Y vive. Vive. Vive.

—No leas hasta... hasta que me entierren.

El hombre se dobló sollozante, mientras ella con creciente dificultad continuaba:

—Soy débil. No puedo... No quiero llevarme tu mirada de horror.

—Eres mía. Mía. Mía.

—Natalia, que no sepa... ¡Prométeme!

—Sí. Te prometo. Pero ¿para qué?

—Llámala.

Y la hija llegó a tiempo de recoger su última mirada.

81

(III)

Pasaron los días. Juan José ni siquiera recordaba el triste encargo que le hiciera su mujer en los umbrales de la muerte. Se daba a todo el dolor inmediato, aplastante, irreparable de su pérdida.

—Nada queda ya. Nada queda ya. —Se repetía sombríamente una y otra vez.

Lejos de huir de la rememoración o de forjarse una esperanza en la supervivencia del espíritu, se entregaba con ardor, con secreta delectación y voluptuosidad instintiva a aquel regodeo con la negación absoluta, porque extrañamente le parecía que en fuerza de negarla en torno suyo la reafirmaba más en sí mismo, como si sólo lo que su sensibilidad recogiera tuviese prestigio de verdad.

Pero de tanto repasar y repasar sobre el mismo tema, su atención recayó en la singular solicitud de la moribunda. Inmediatamente corrió a buscar aquella carta; no con la avidez y el terror del secreto, sino con una irrazonable ansiedad de encontrar algo más de ella, que no fuera su silencio eterno. Y la carta rasgó con todos sus filos el corazón del desgraciado. En ella le confesaba Amalia que el hijo que esperaba, era de otro.

Juan José no comprendió. No podía creer aquello que la carta evidenciaba; no podía creer que un hijo de su mujer no lo fuera asimismo de la carne y del alma que a él correspondían. Se trataba de una verdad inconmovible, infalible. Era... más... : una consecuencia física privativa de él, su marido, como si ningún otro hombre hubiera podido ser capaz de fecundarla; como si la mujer sólo pudiera serlo para él. Daba a la palabra mujer un sentido orgánico en el que *alma* era una esencia, un fluido o una sustancia.

Cuando comprendió al fin, sufrió con el magno dolor de un hombre, y el miserable dolor del animal al que hubieran clavado una hoz en el pecho: pensando demasiado o sin pensar en nada.

(Epílogo)

En el centro de la habitación, una mancha de luz arrojaba las sombras sobre las paredes y por los rincones. En la mesa, donde descansaba la lámpara, amontonábanse las cuartillas y, vagando en torno suyo, unas manos finas y pálidas se movían con extraña solemnidad.

Poco a poco, iba destacándose entre las sombras, al fondo y en medio de la gran corola de luz, el pecho hundido de un hombre sobre el cual descendía la sonrisa enigmática de unos labios secos.

Juan José, ya canoso, aunque sólo de los dos últimos años transcurridos, leía la favorable crítica que de su más reciente obra hacía ahora el mismo firmante de aquella otra tan adversa. El calor, el entusiasmo y la gratitud con que se le elogiaba en aquel artículo ponían en sus labios aquella sonrisa yerta.

Agradecía, sin dudas, el crítico, que el artista le brindara la oportunidad de rectificar, o más bien de aplaudir actualmente, porque admirándolo en todo su admirable talento, y siéndole simpática su personalidad literaria, le había dolido su desorientación por los senderos de una vacua, fría y sólo profesional ficción artística.

Pero ¿a costa de qué lo había logrado? Al crítico no le importaba; es más, aquello lo necesitaba para fundar su opinión a costa de lo que fuere. Decía por tanto que el autor había conseguido, no sólo dar el nervio que a su obra anterior faltaba, sino que se había superado reflejando el crispamiento y la distensión de ese nervio a través de un portentoso libro.

Juan José reconocía serenamente, que su triunfo no radicaba sólo en aquella opinión. Había conmovido a todos, y hasta la sociedad se apasionaba por él. A tenor de esa circunstancia, evocaba otra escena, de otro tiempo, cuando entró Natalia en su estudio.

—¡Papá!... Una carta...

—¿De quién?

—Una carta de mamá. Por mano de un notario.

—A ver, hija. Deja ver.

Y por esta carta, supo que todo aquello había sido mentira, o noble sacrificio de la verdad. Depositada en la notaría, con una fecha de entrega designada por su autora, cumplía al fin el destino que le había sido encomendado.

Simultáneamente supo la hija de la fingida falta de su madre y de la reivindicación que tenía lugar, y se abrazó al padre para lavar la memoria falaz de la deshonra asociada a su madre, y curarle a él el pecho del dolor terrible. El hombre creyó y dudó, para volver a creer. Fue entonces que descubrió el gran sufrimiento que lo dominaba: era el sufrimiento de que le faltase de pronto su hermoso dolor; de que todo fuera mentira: el drama, la experiencia, el triunfo literario. Dolor de que la realidad de una tragedia que vivió intensamente durante un tiempo dado, estuviera hecha de ficción, de teoría artificialmente elaborada, de falsedad, de humo. Le pareció que su vida perdía su dignidad al perder el orgullo estoico de su secreto; que perdía su valor estético, su hermético dilema ante la muerte irreclamable, para tornarse en grotesca comedia, en escarnio de su corazón, y de su talento.

—¿Dónde está la verdad? ¿Dónde? ¿La verdad? ¿Dónde está?

Y cogió el periódico donde leía poco antes la crítica que consagraba su triunfo, y estrujándolo, rió secamente en exabrupto.

—¡Papá! —gritó la hija, escandalizada y horrorizada a la vez. De un solo impulso giró sobre sus talones para enfrentarlo—. ¡Papá! —Lloró quedamente.

Fue entonces que la voz del hombre, del marido, del padre, acalló la voz del artista, y Juan José se rindió a los pies de su hija, trastornado, encorvado para asirse a sus rodillas mientras sollozaba:

—¡Soy un cobarde! ¡Un monstruo! Perdóname tú... ¡Perdóneme ella!

LUISITO
———

(I)

Es la manigua, honda y caliente. Es la manigua que se tiende: toda sola, toda verde, toda húmeda, contra la tierra roja. Tierra cubana que estalla sus venas en un regadío de sangre apasionada y dulce. El bohío recorta el horizonte con su silueta abrupta, hecha al filo del guano. Cae sobre los cañaverales fogosos, el zumo de la noche. En fila larga se va el palmar hacia el río. Y el sol se despierta en una sonrisa amplia, que es cual si se le vieran los dientes de leche hincándose en la manigua abúlica. En el bohío hay un trajín humano, de agitaciones vulgares. Otro niño va a nacer. Hace el número trece. La cifra misteriosa de los embrujamientos fatales.

Por el boquete negro de la puerta, sale el guajiro ancho, cuadrado, como tallado de un roble. Por el boquete negro. Se enjarreta en el manso caballo, hijo él también de la manigua, y lo espolea briosamente. Criollo, el bigote le parte la cara en un tajo sombrío, que se le blanquea con el humo espeso del tabaco. Al verlo aparecer en el pueblo, le preguntan:

—¿Qué hay por allá, don Ramón? ¿Alguna novedad en la familia?

Si responde, es con una risa gruesa, vanidosa. Y se va por la vieja comadrona, con la que regresa a casa, jadeante, a la grupa del caballo trotón. Entre tanto, el niño ha nacido solo, y tuerce sus blandas piernas en un garabato imprevisto. Y por encima de los hombros asoma la cabeza, deformada.

Transcurre el tiempo. Hace ya nueve meses que le llaman Luisito. Y ahora, el guajiro se ríe algo primitivamente de él, con su aspecto de muñeco de cuerda descompuesto. Y la madre, sin aprensiones, se queda en quietud sobre la cama, como una bestia herida. Sobre la cama. Muy quieta. El amor del nuevo hijo le ha nacido, sin sentirlo, en la extremidad misma de su vida: entre sus pulmones destrozados por las agoreras cavernas de la tuberculosis. Allí. Allí.

(II)

El sol penetra el campo, y le abre en las entrañas, surcos de fuego. De resultas la manigua se siente morir de una sed desmesurada que le corta el resuello. Rompe al borde mismo del cañaveral una corriente eléctrica. Contra el horcón del colgadizo, Luisito se chupa las manos, que le sangran de tierra roja. Ha vivido ya más de un año en una rudimentaria vida fisiológica. Es menos, seguramente, en la existencia que le circunda, que el cerdo que es cebado en el criadero; que el pollito que rastrea su vuelo ingenuo, a picotazos leves, sobre el piso de tierra; que las bestias; que el seno flácido y renuente que lo alimenta —infinitamente menos, mucho menos—; que la tos seca, reseca, apagada, molida, raspada en los pulmones rotos de la madre, larga y quieta y angulosa en su lecho.

Bambolea ahora la cabeza comprimida, distendida, que siente arder bajo el sol. Muy despacio, va comiendo la tierra roja, que le sabe a polvo de azúcar. La pierna derecha se le encoge, retráctil, indómita, y él no intenta hacer nada con ella; ni cuando está acostado en su jergón alzarla para lanzarla lejos; ni apoyarse en ella cuando quiere sentarse: reducido, sintético, sobre las dos chapitas miserables de sus nalgas; ni impulsarse con ella cuando gatea, como hace con la otra piernecita tan linda, tan sana y tan buena, nacida de adentro de la cadera, y no como un colgajo lamentable.

Luisito dice ya algunas palabras: son cuatro o cinco nada más, con las que se entretiene dándoles vueltas entre los labios pálidos como si fuesen caramelos, o los puñados de tierra que le cosquillean en la lengua. Son cuatro o cinco palabras: *llellelle* (con la que quiere decir que le den de mamar); *torotón* (que es picazón, de la cual padece mucho durante el calor); *ballo* (caballo, que le saca la risa a la cara cuando relincha) *mata* (como llama a su madre, cuando él que siempre está solito, se siente demasiado solo), y *luz* : la única palabra que dice casi claramente, cuando ve el sol romper alto en el cielo su enorme tambor blanco.

Pero el destino de Luisito va a cambiar. ¿Por qué? ¿Para qué? Sus doce hermanos, como un semillero arbitrario del manigual, están allí para siempre. ¿No podrá quedarse él también, con su piernecita seca, amoratada; con sus dos chichones por cabeza, unidos por un puente de caspa enfermiza; con sus granitos de tierra colorada? ¿No podría quedarse así toda la vida: toda la larga vida por delante, con aquel seno escuálido de su madre entrándole alguna vez en la boca, por entre sus escasos dientecitos de ratón? ¿Qué mal hacía él allí: abandonado por los rincones, callado, solitario, rumiando en el silencio equívoco del campo sus cinco palabritas como cinco caramelos de tierra?

Se lo llevaron al pueblo, a casa de unos tíos, para que el médico le tratase su pierna, para que le apriete, con sus manazas, la pobre cabeza deformada; para que le cure las tripitas de toda la tierra roja que le ha bajado por ellas. Se lo llevan. Ya no verá más el tambor del sol rajado por el cañaveral, ni la yegua le sacará la risa a la carita de hombre viejo y feo: la risa llena de murmullo, del murmullo de su almita tierna: de su pequeña alma marcada con el número trece.

(III)

Y le dieron muchas purgas, que no le dejaban dormir en toda la noche. O medicinas, serían. Y le cogieron su triste cabezota, y se la encajaron en unos aparatos, y se la proyectaron sobre unas placas luminosas. Y la pierna enferma, se la voltearon, se la estiraron, y luego se la amarraron fuertemente dentro de un bulto de yeso. Así, ya no se pudo ver más los dedos chiquitines como burbujas de carne sin vida.

Aprendió a decir otras palabras, y otras... Todas las que se pueden decir ya pasados los dos años. Y empezó también a sufrir, precozmente, sin saber siquiera que aquello fuera sufrir. Porque lo sentaban como a un muñeco de cuerda. Roto. Rota la cuerda. En una silla pequeña, de frente a la calle: y la gente que pasaba le salpicaba su lástima, y los niños se reían de su cabeza sesgada. Era como si le hincasen con alfileres. Veía a *Micho*, el perro de los tíos, hecho todo una pelusa, correr y brincar con sus cuatro patitas: sanas y ágiles las cuatro. Él no comprendía, no; pero veía que todo se agitaba, se movía ante sí, mientras él había de permanecer allí amarrado, con su pierna estirada y corta, y su cabezota extraña, que un maligno espejo de la casa de sus tíos le descubriera alguna vez.

Ya no oía el relincho como en gárgaras de cascabeles que le hacía reír. Y sus ojitos, negros y chiquitines, semejantes a los botones de la americana de su tío, se le fueron poniendo más tristes, cuando, sin saberlo él, al amontonarse los meses, ya tenía algo más de tres años.

La sombra fina y quebrada de aquella mujer que antes le daba de mamar, ya no pasaba de tarde en tarde junto a él, ni lo cargaba todo entero para pegarle la cara a los senos colgantes. Ni aquel hombre grandote lo levantaba como a una hoja y lo elevaba muy alto, desde aquí abajo, el suelo, hasta allá arriba: donde el gigante tenía la nariz, para rasparle los labios con aquel bigote duro como un estropajo. Ahora había junto a él otra gente que hablaba distinto, se vestía diferente, y le trataban de otra manera. El tío era un hombre joven, guapo, bullicioso. ¡Cuánto le molestaban a Luisito tantos ruidos! Él estaba hecho al silencio del campo. Al relincho ocasional de la yegua que le divertía. El relincho del hombre que era su tío le causaba miedo. Aquellas palmadas a modo de caricia que le daba en la cabeza, un tanto brutales, le estremecían; y se quedaba como una cosa muerta —cual si todo él fuese una pierna sin vitalidad física: su piernecita entablillada—. Y volvieron a llevárselo lejos, muy lejos, no sabía dónde.

(IV)

Entre uno y otro espacio de olvidos sobrenadando en su inconciencia, en su ignorancia de todo, parecíale a veces que había pasado mucho tiempo desde que no veía el sol completamente solo en el cielo, como un enorme y espeso charco de luz. Momentos de un continuo sueño de noche y día.

Tendría ahora alrededor de cinco años. Sabía decir muchas cosas. Pero ahora que podía expresar mejor lo que deseaba: pedir y rechazar, la gente parecía entenderle menos. Y en vano repetía sus palabras *sabias*, sus palabras emotivas. El tío se burlaba de él y se divertía con su terror. Ya andaba, decididamente, con unas muletas. Cómo sufrió hasta poder manejarlas. Muchos se mofaban, y hasta el perrito *Micho*, le ladraba yéndosele encima. Muchas veces se cayó de bruces, y en la pierna buena se le hicieron muchos moretones. Porque ya sabía que estaba enfermo a causa o por culpa de aquella pierna inerte. Y que sus ojos miraban de un modo extraño, y que él era pálido y ceniciento como el cielo de invierno, cuando va a amanecer.

Solo, renqueaba por los rincones. ¡Y suerte que ya contaba con las muletas que le llevasen de un lado para otro, y que había rincones. Rincones en los que esconderse, y echarse a recordar, con la aguda sensibilidad de los niños prematuramente desgraciados, a aquellos muchachos que fueron simpáticos con él: a quienes decían que eran sus hermanos y a los que él sólo tenía por conocidos, de los cuales apenas guardaba la impresión de su bondad y cercanía, pero sin sus rasgos fisonómicos, que habían quedado allá con ellos. Él no podía saber que eran su soledad y tristeza las que le hacían acordarse vagamente de aquellas cosas de su vida pequeñita; que los otros niños, los felices, solían olvidarse muy pronto de todo aquello que se iba alejando en el panorama de su infancia.

Y ahora, se murmuraba que le llevarían aún más lejos que antes. Oía hablar de un barco. Vio que traían y llevaban maletas. Frecuentemente se repetía la palabra *España*. Y se hablaba de otra gente de por allá, que se haría cargo de él. ¿Qué será? ¿Dónde estará todo aquello? Luisito lloró, porque, a pesar de todo, ya estaba como encariñado allí: lloró, llamando desde su corazón amedrentado, desvalido, ahogado en pena: *Mata, Mata,* como antes, cuando quería que la sombra rajada de tos le amamantara. Le pedía ahora aquella leche de vida: el amor que abriga y defiende.

Pero nadie oyó. Y el tuvo que irse a España con el tío. Tenía ya más de seis años. No vio el mar de entrada, sino el barco. Como si fuera un monito lo subieron a cubierta. Por entre las muletas se le enredaba un abrigo demasiado holgado, grotesco. Y en el barco inmenso, más grande que el bohío, y que todas las casas en que vivió después, más que el campo verde aquél: porque disponía de muchos pisos, recovecos, y no se le podía abarcar de una sola mirada como a la manigua, ni de largo como a las calles, ni de lejos, como a los edificios. Estuvo más solo y abandonado que nunca. Subía y bajaba, como un diablillo, las escaleras. Las muletas se le habían hecho ya parte de su carne, bajo las axilas ahuecadas, como una extremidad; parte de sí mismo. Y casi como si fuesen piernas las manejaba ahora: por entre ellas pendía un pedazo de carne disfrazada con una media larga y un zapato

95

flaco, libre al fin, de la envoltura de yeso, de tablillas y vendajes.

(V)

En la cantina del barco, el tío bebía y jugaba, hasta altas horas de la noche. Hasta que ya dormían todos. Y Luisito, abandonado en el salón, trepado a los brazos fríos de una butaca, lloraba en hipos silenciosos, lleno del miedo a las sombras, de fiebre también, y de mucho sueño y de hambre.

Una noche, en hora aún temprana, quiso jugar con los niños del pasaje. Corrió mucho, si aquello era correr. Se rió como nunca. Transpiraba de excitación. Brincaba en sus dos piernas de palo, con la piernecita buena, y con el colgarejo ruin de su zapato feo. Los niños le llamaban por su nombre:

—Ven, Luisito. Ven.

Y el iba, sacudido por una extraña alegría, y sintiendo un vértigo de movimiento: jugar, jugar, correr, correr, como ellos... Bueno, hasta donde le era posible.

Alguien al paso, le detuvo:

—Ten cuidado, Luisito. No te caigas. ¿Y tu tío, dónde está? ¿Tu tío?

—Allá —tal vez fuera su respuesta.

—¿Y esta criatura no tiene mamá?

Para él todo debía quedar *allá*, en un lugar impreciso como todo lo demás.

Si le preguntaban:

—A ver, ¿cuántos añitos tienes? —volvía su cabeza con pronunciamiento de gibas y daba con una palabra que resumía su pequeña vida:

—Allá...

Echó de nuevo a correr tras aquella frase que le decían:

—¡Anda, a que no me alcanzas!

Inocentemente le iban todos los otros detrás. Y él, frenético de gozo, saltaba como loco. ¿Hacia dónde? Pues hacia el número trece de su almita, que le llamaba, fuera de sí. La distancia parecía que se alargaba. Ya llegan los demás. Le alcanzan. Le cogen. Y se ríen con él, también de él, y de su inutilidad, de sus muletas. No le importa. Tiene un pie, dócil, que obedece, aunque tardíamente. Nervioso, vuelve la cabeza. Y ya están ellos allí, miles de manos —le parece—, como los brazos largos del cañaveral. Todos se tienden sobre él. En pos de él. Huir. Huir. Así es que monta su piernecita buena sobre la baranda enana. Resbala. Resbala y cae. Cae al otro piso del barco.

Se escucha un grito. Una multitud de gritos simultáneos que se alzan cual una polvareda y se agrupan en un solo grito agudo.

Abajo, Luisito es un poco de carne destrozada

dentro de su ridículo abrigo. La cabeza deforme se ha explayado en un charco de sangre. La piernecita enferma se ha partido en dos como una vara de caña. Se le tuercen los labios, por entre los que asoman sus dientecitos de ratón, como si fuera a sonreír con su carita de hombre viejo y feo, porque ha escuchado el relinchar lejano de un caballo.

LA BRUTA

(I)

Callejuela torcida, penumbrosa. Fonda miserable, con un recoveco cavernoso al fondo; con una luz deshilachada y sucia, esparcida mediocremente por los rincones; con unos manteles legañosos y deteriorados; sillas desvencijadas y reumáticas.

Los mismos nocturnos comensales: empalidecidos, gruñones, malolientes. El mismo menú de siempre: bazofia apenas ingerible. Y el mismo problema: dinero esquivo, solitario, sudoroso.

Paco entró, enfilando el enorme vientre por entre las mesas esparcidas, mordiscándose los labios gruesos de su boca pequeña.

—Buenas noches.

Era el único saludo que hacía, arrastrando siempre las palabras para dejarlas extendidas como un puente al tránsito eventual de una frase que le sirviera de arcén al que subir de salto una vaga esperanza de no sabía qué. Y luego, vino el masticar lento, retardatario, con los codos sobre la tabla y las manos cruzadas bajo el mentón estremecido en el movimiento ruidoso de las quijadas. Y el mirar insistente, pegajoso, sensual.

Frente a él, la mujer comía maquinalmente, con hastiada precisión. Sus ojos, a la vez febriles y álgidos, ilusos y escépticos, estaban clavados en el vaso ordinario: pesado, empañado levemente por el agua turbia de la cañería. Esta noche, parecía comer deliberadamente con cierta ansiedad sombría —cierta maligna amargura—. En su rostro había reminiscencias elocuentes de su belleza juvenil. El pelo era aún floreciente, y aunque descuidado, esplendoroso. La dentadura, pareja, fresca, sana. El seno agudo, breve y palpitante bajo la ropa pobrísima. Únicamente las caderas eran quebradas, huesudas, y las manos callosas, esqueléticas por las falanges.

Aún no había terminado de comer la mujer, cuando el dueño del fonducho se le acercó con ademanes groseros y agresivos.

—Aquí tiene su cuenta de un mes. Si no me paga hoy, aunque sea algo, no hay más comida.

Tembló ella. Le temblaron los labios, las manos, las espaldas. Con voz humilde, desfallecida, contestó apretando las palabras y precipitándolas, en procura de no ser oída de los parroquianos.

—Aguárdeme usted unos días, se lo suplico; le prometo traerle algún dinero.

Dos viejos, un joven y otra mujeruca infeliz se volvieron a mirarla.

—No puedo fiarle más; hace una semana que

me está usted diciendo lo mismo.

Echando por delante el globo de su vientre, Paco se interpuso, plantándose ante el dueño. La prisa con que se había movido, la indignación, el presentimiento, lo desconocido, todo le hacían oscilar un poco sobre sus piernas de pingüino.

—¿Qué... qué se le ofrece? ¿Por qué molesta a la señora? ¡Ah, sí, la cuenta! A ver... ¡Con su permiso, señora, permítame! A ver... Hombre si se trata de una bicoca. No se apure usted que la señora pagará por eso, se lo garantizo... Perdón. He querido decir que, estoy firmemente convencido...

Hizo al dueño alguna señal de entendimiento, se secó el sudor de la cara con un pañuelo mugriento y se sujetó el vientre con los codos como si le fuera a reventar.

La mujer hundió el rostro en el pecho, avergonzada, y luego levantó la frente con un gesto de infinito cansancio, se puso de pie, empujó la mesa con sus feas manos nerviosas, y por un momento pareció que no sabía qué hacer. Todos la miraban, y sus miradas desnudaban su miseria; quemaban, como marcas de fuego. Bebió irreflexivamente un poco de agua, y echó a andar cual si huyera. Paco la siguió fuera, le dio alcance, le habló. Se perdieron por la callejuela ambigua y vacía: caliente y honda como un lecho.

(II)

Eran dos ruinas solidarizadas. Dos náufragos,

103

que se asían el uno al otro en la vastedad de sus desgracias. Dos desperdicios humanos, que al rodar, se encuentran en el mismo montón de basura. Así, su unión no era más que la misma hermandad defensiva de dos soledades físicas. La palabra vulgar que ata dos silencios cotidianos. La relación de la mesa y del camastro. Sus espíritus estaban a los extremos de aquella extraña realidad equidistante que los uncía a los actos en común: oscuros, monótonos, ordinarios.

María, que era el nombre de la mujer, se había hecho fregona de pisos en un hospital. Un asco más en su vida. Sus caderas se tornaban escuálidas. Echada, cepillaba el granito dócil, pero tatuado de manchas recalcitrantes. Era muda su repugnancia, como así también su dolor, el sueño que acarreaba, como su existencia.

Paco no había logrado saber quién era, o había sido. Su carácter taciturno, manso, obediente, le exasperaba. Parecía como si la mujer guardara celosamente un secreto. Para Paco, la vida era algo claro, y los hombres como él, criados en la calle, que habían trabajado en todos los oficios en todos los lugares, le encontraban una explicación, si no una conformidad, a todas las amarguras y pobrezas. ¡No existía el pasado! Todo era presente. María había tenido otros hombres como él. Los habría conocido al discutir con el dueño de una fonda al no poder saldar la cuenta. O en una escena semejante por deber el cuartucho. O una mañana que la despedían del trabajo. O en una tarde cualquiera, en que se encontraba sola y desesperada. Total —se decía Paco— nada como para hacer tanto misterio. No obstante, le intrigaba aquel silencio obstinado de ella, aquella reserva arisca.

—Lo que ella se calla —se dijo— no es de las cosas que le pasan a uno, sino de las que se piensan... ¡Hum!

Y a partir de entonces la espió. Escrutaba sus gestos más insignificantes, sus miradas más furtivas, los suspiros más largos, buscando hallar una verdad, o más bien el enigma que se le embrollaba en la mente.

—Lo que ella se calla... —volvió a decirse.

Recordó que las pocas frases que le había oído tenían algo —todas ellas— de homogéneas, con el mismo sentido oculto, y eran motivadas por causas convergentes hacia una misma idea que parecía ser la preocupación máxima, y terrible, de su vida: "Yo no puedo..."; "No se"; "No he nacido para ello"; o por el estilo: "Sólo sirvo para esto"; "esto es lo que yo debería hacer"; "no me es permitido más". O bien: "Si yo pudiera..."; "si fuera capaz..."; "si me dejaran..."

En ocasiones, si él la regañaba por algo, si protestaba por cualquier cosa que hubiera hecho ella, replicaba:

—Soy muy bruta, ya lo sé. Soy una inútil.

Sin embargo, una vez que fuera Paco quien le dijo, con aire bonachón y divertido:

—¡Qué bruta eres, María! ¡Mira lo que has hecho!

Se rebeló ella, como nunca antes. La garganta se le rajó en un grito áspero y sordo. La cólera levantó sus pechos, tumbó sus caderas y engarfió sus manos.

—Ya lo sé. Ya lo sé. Pero no me lo digas, Paco. No me lo repitas o...

Y a pesar suyo, como si hablara para sí, agregó:

—¡Siempre me han dicho lo mismo! Desde pequeña: ¡bruta! ¡bruta!— Y como si dialogara consigo misma: —Basta ya. Basta. Lo sé. Lo sé.

Se volvió, para encontrarse la cara extrañada, espantada incluso de Paco. Corrió hacia el cuarto, entró y se encerró en él. El marido la oyó amontonar los muebles detrás de la puerta.

Desde aquel día, Paco procuró estar siempre que ella volvía de trabajar, y hacerle compañía así, disimuladamente. Parecía perplejo y lo estaba. Y más que eso, compadecido. Quería comprender. Observaba a su mujer. Le habló de su caso a algunos amigos, y estos se rieron de él. Paco se decía:

—¡Pobrecita! Siempre la han tenido por bruta. Debe ser terrible eso de que le repitan a uno... Claro que yo no se lo decía en serio. Tal vez no ande muy bien de la cabeza. No hay porqué preocuparse demasiado. Se le pasará.

Pero su mujer no estaba loca. Tenía, por el contrario una mente luminosa, un cerebro privilegiado como para enloquecer a Paco si llegara a descubrirlo. Si le hubieran revelado quién era aquella mujer que tenía en casa, compartiendo su lecho; quién era la fregona del hospital... Y al cabo lo supo. Llegó a saberlo, y saberlo fue su perdición.

(III)

Paco salió sigilosamente, a pesar de que la mañana era clara, abierta, denunciadora. A pesar de que María estaba en su trabajo y era imposible que regresase antes de dos o tres horas, por lo menos. Cerró la puerta con cuidado, mirando con precaución hasta el extremo de la calle, con la aprensión y el miedo de quien comete un delito. El faltar a su labor en el taller, ya lo tenía en zozobra. Debajo del brazo, llevaba un bulto. Echó a andar todo lo elásticamente que le permitían sus breves piernas.

Anduvo una distancia larga, a través de cuadras estrechas, bulliciosas, llenas de sol y de gente. Al fin, entró en una casa amplia y tranquila, como la desembocadura de un río. Le esperaban. Un hombre, pequeñito, fruncido, ya viejo, con unos lentes negros que le echaban una sombra turbia sobre la frente.

—Pase. Pase usted. ¡Ah! Trae eso. Está bien. Enseguida lo veremos y estableceré mis conclusiones, amigo mío. Desde que usted me habló, he averiguado muchas cosas. Tarea detectivesca. Es curioso, su caso; más importante tal vez, de lo que habíamos creído. Pero, siéntese, hombre. Siéntese. ¡Y cálmese! Está usted más azorado que un niño. No tema.

Le quitó el paquete de las manos, con un gesto engolosinado, precipitado y gozoso al que Paco hizo ademán de oponerse.

—No desconfíe. A ver, ¿tendré que asegurarle mi honradez, mi buena fe? Acaso esto sea un tesoro, amigo mío, pero no hay que dudar de mí por eso. No voy a robarle, ¿eh?

Mientras zafaba el cordel con premura, continuó hablando sin preocuparse de si Paco seguía o no sus razonamientos, o conseguía entenderlos en absoluto.

—Por lo que usted me ha contado, su mujer es un caso absoluto de complejo de inferioridad. Yo soy un profesor pobre, amigo mío, aunque culto, aunque mal me esté el decirlo. La mayoría, en mi profesión, se concretan a enseñar rutinariamente a los chicos lo poco que ellos mismos saben; yo, en cambio, estoy siempre estudiando, y me hallo al corriente de las nuevas teorías y de los nuevos descubrimientos de la ciencia. En lo posible, nada se me escapa.

Un mundo de cuartillas, de papeles emborronados —algunos amarillentos como hojas viejas de árbol otoñal, blancos otros como pañuelos recién lavados—. Sobre unos, u otros de estos fondos, cruces, tachaduras, manchas de tinta, pálida escritura a lápiz: líneas, líneas, líneas. Paco miraba absorto, sintiéndose estúpido. El maestro palpaba los papeles con un gesto que resultaba a la vez insano, y puro; respetuoso y vehemente: como si acariciara la cara de un niño, los pechos de una mujer o el lomo de un libro.

Estiró los brazos, a la vez que se sentaba solemnemente y encogía las piernas debajo de la mesa. Luego se cambió los lentes por otros transparentes. Todo el rostro pareció anchársele, definírsele. Ahora escogió unas cuartillas, miró a Paco a través de los cristales limpios, apoyando sobre el montón de manuscritos los codos.

—El psicoanálisis, amigo mío, es la resurrección del individuo. Todo lo descubre, lo explica, lo subsana. He reunido datos acerca de su mujer...

Paco no entendía nada de aquello, pero comprendió que iba a saber algo de la vida de María. Lo que a él le interesaba era el episodio; el sentido de los acontecimientos; para nada le importaba el secreto —digamos— moral de los mismos. No pudo captar lo que el maestro le decía; no conseguía creer en él: lo juzgó tan *loco* como a su mujer.

—Esta gente de libros tiene toda algo de trastornados y de embusteros... —se dijo.

—Sí. Su señora se educó en un buen colegio. Desde muy temprano quedó huérfana de madre. Su padre era un hombre inteligente, pero la abandonó él también, luego de haberle hecho un infierno la infancia. En la casa, la tenía de criada de toda la familia. Le pegaba. La insultaba constantemente. Pero más tarde la enviaba a uno de los mejores colegios de la ciudad, como una señorita que lleva doble vida. ¡Vamos... a leer esto!

—No. Siga usted, siga usted...

El viejo sonrió, con suficiencia. Como quien posee el conocimiento de la verdad y condesciende con la ignorancia. La sonrisa en sus labios era desdeñosa, de un desdén insultante, mas Paco no se percató de ello.

—No hay nada más que añadir. A esa pobre siempre le amargaron la vida. ¡Es un ser débil! Más aún, cobarde. Pero no tiene la culpa de ello. La criaron así: dura, huraña, dócil, humilde. Le restaron todos los impulsos. Le machucaron la voluntad. Le taponaron el cerebro, si le parece a usted, valiéndonos de una metáfora atrevida. Le hicieron un pobre concepto de sí misma, hasta hacerle creer que, en efecto, era bruta y nada más. ¡Ah! Se me olvidaba decirle que tuvo unos hermanos y una tía —pero qué tía— quienes la trataban cual una Cenicienta, llamándola de bestia y tratándola de tal. Ellos le hicieron ese carácter pusilánime, a fuerza de matarle las iniciativas; de no dejarla pensar y de impedirle actuar. ¡Complejo de inferioridad, amigo mío! Bien claro y categórico. ¿Qué más puedo decirle? Permítame usted ahora…

Y el maestro se sumió en la lectura de los papeles. De todo aquel discurso presumido, Paco había recogido algo, que ella había sido siempre desgraciada; que los brutos habían sido otros: ellos, los que así la habían tratado siempre. En este punto de su reflexión, Paco se detuvo con una impresión de horror en todo él. Bueno, es que tampoco él comprendía nada de todo aquello, nada absolutamente de las palabras de aquel hombre.

Desesperado ante la impotencia de entender a su mujer tal y como el maestro la entendía —él, un extraño que ni siquiera le había hablado nunca— se sintió torpe, estúpido.

—Soy un imbécil. ¡Un bruto! —se le escapó, y quedó como alelado, asustado sin dudas, con los ojos desmesuradamente abiertos. La leve punzada de su humillación, de su dolor, de su incapacidad le reveló en principio la tragedia de María.

Aquella soledad por la que se sintió más que envuelto, arrebatado un momento; aquellas miradas de burla que imaginaba, y creía sentir posadas sobre él, venidas de no sabía donde, acaso del recuerdo, de los amigos, quizás de este mismo profesor; aquella risa sarcástica que le pareció escuchar, como si estallara detrás de sus sienes; una sensación de estar enfermo, como las personas enfermas, inválidas; de animal acorralado, todo ello fue lo mismo que un mazazo que le propinaran en mitad de la cabeza. Tuvo la impresión de que todo se nublaba, de que le faltaban la voz, la respiración, el movimiento. Desesperadamente pensó en María.

—Vamos. Vamos —dijo con impaciencia.

El viejo levantó la vista. Parecía algo abismado, pero radiante.

—Sin dudas, posee un talento formidable. Con verdaderos destellos geniales. Yo no soy escritor, pero he leído mucho y sé apreciar lo que vale. Felizmente, se le ocurrió a usted venir a consultar a este oscuro y humilde, pero sensible profesor de escuela, cuando la acechó usted aquel día y descubrió que escondía en este bulto pliegos escritos... ¡Felizmente!

—Vamos ya.

—Y aun en la prosa se revela el gran poeta de los versos. Y quién dice si también una enorme fortuna... ¡Contante y sonante! Conozco yo a un periodista influyente...

—Me voy.

Y así diciendo, Paco se lanzó hacia la puerta. Luchó allí, nervioso, agitado, con la puerta que no conseguía abrir. El maestro, entretanto, recogió desordenada y agitadamente los papeles, dándole gritos:

—Espere, espere, no sea bruto.

Se desplazó a la carrera tras Paco, tropezando consigo mismo porque se iba cambiando los cristales transparentes por los oscuros.

(IV)

Abrieron la puerta, como si se tratara de un incendio; o como si fueran a encontrar un cadáver tras ella; o a sorprender a un ladrón.

En medio de la habitación estaba María, como clavada en el piso. Cerca, una maleta rota y descolorida por los efectos del tiempo y la miseria mostraba su pecho vacío de todo corazón. Los ojos de la mujer despedían un brillo feroz. El pelo, las cejas, las pestañas centelleaban. Le sangraban las manos, acribilladas por las uñas.

—Dame acá eso, Paco.

Paco miró al maestro, creyendo que era a él a quien hablaba la mujer.

—No. Tú. Es a ti. Dame eso, que es mío, ¿entiendes? Mío. Ladrón asqueroso. ¡Cochino! Nadie lo sabía. Nadie. Y tú, tú...

Se abalanzó ella a coger el cuchillo de cocina, que estaba sobre la mesa donde de costumbre comían. Con el en alto se aproximó a Paco. Quedaron casi unidos. Él sentía la cólera desatada de ella resoplarle en el rostro, y ella, como una ráfaga que atravesaba el fuego de su mirada, el aliento del hombre, cobarde, tembloroso. Todo ocurrió rápida e imprevistamente y Paco apenas podía —pudo— calcular sus movimientos con el propósito de desarmarla. El viejo retrocedió con un leve grito, un *no* aspirado e imperceptible.

A fin de ganar tiempo, o por simple torpeza de su parte, intentó Paco un atajo con estas palabras:

—Mira, mujer, no seas bruta. ¡Cuidado! Tú no puedes...

Vieron todos los que llegaban como el brazo de ella caía a lo largo del cuerpo y la mirada pareció describir un círculo centellante mientras la boca rebosaba de burbujas de baba. Una carcajada espantosa, terrible, salió de ella. Se retorció su cuerpo como si una llamarada le quemara los huesos. Los dientes le rechinaban cual si royera su propio pavoroso y súbito silencio en una mueca.

—Está loca. Se volvió loca —dijeron a la vez varias voces.

—¿Loca? ...que estoy loca. El muy bruto. ¡Bruto! Loca...

El maestro le tendía ahora los brazos, compadecido de la suerte de la mujer, y la palabra genial de María, recogida en horas trágicas sobre el papel, en la confidencia silenciosa de las cuartillas, cayó al suelo y rodó por él cual si se desplomara a la par que su razón.

ÍNDICE

(INTRODUCCIÓN):
PÓRTICO A POSTERIORI 7

AGONÍA 19

LOS OJOS 29

PELUSA 39

CABELLERA ROJA 47

EL PIANO 65

PUNTOS CULMINANTES 73

LUISITO 87

LA BRUTA 99

Títulos disponibles
o de reciente publicación

EDICIONES «LA GOTA DE AGUA»

~

Layka Froyka: *El romance de cuando yo era niña.*
Autobiografía de Emilia Bernal Agüero
(Serie Andadura)

Algo está pasando / Something's Brewing
Rolando D. H. Morelli
(Serie Narrativa breve. Edición bilingüe)

El hijo noveno
Matías Montes huidobro
(Serie Narrativa Breve)

Lo Que te cuente es poco
Rolando D. H. Morelli
(Serie Narrativa Breve)
Edición de Kurt O. Findeisen

Cuentos y relatos
José María Heredia
(Serie andadura)
*El Heredia desconocido. Primera Edición de algunos de sus cuentos

Cuentos orientales
José María Heredia
(Serie Andadura)
*El Heredia desconocido. Primera Edición de sus «cuentos Orientales»

Feminine Voices in Contemporary Afro-Cuban Poetry /
Voces femeninas en la poesía afro-cubana contemporánea
(Serie Perspectiva crítica)
Professor / Profesor Armando González Pérez, Editor

Bien dice el refrán
Rolando D. H. Morelli
(Serie Narrativa breve)

Poesía completa (1853 – 1918)
Luisa Pérez de Zambrana
(Serie Andadura)
Compilación y edición de Ángel Huete
Re-editada y con una introducción de
Rolando D. H. Morelli

Agonía y otros cuentos
Ofelia Rodríguez Acosta
(Serie Andadura)

IMPRESO EN LOS ESTADOS UNIDOS DE NORTEAMÉRICA,
(U.S.A.) EN EL MES DE JUNIO DEL AÑO 2010